Paul El Kharrat

CRIMES ET MYSTÈRES DE FRANCE

Harper
Collins

SOMMAIRE

PARTIE 6

PARTIE 7

PARTIE 8

PROLOGUE

« Voici venu enfin le jour, tant attendu dans la région, de la comparution devant le jury de la Sarthe des sœurs Christine et Léa Papin, dont notre correspondant exposait avant-hier dans ses atroces circonstances le forfait sans exemple. »

Le Petit Parisien, 30 septembre 1933

Il y a deux ans déjà, je faisais paraître *Crimes et Mystères de Paris*, un ouvrage où je vous contais trente-sept histoires criminelles s'étant déroulées dans un temps chronologique allant de la Révolution française aux années 1940. Ce livre était aussi l'occasion de vous confier ma passion pour l'histoire et mon intérêt certain pour la criminologie.

Les récits de ce premier opus consacré à l'agglomération francilienne évoquaient des hommes et des femmes d'apparence souvent fort banale qui se révélaient de véritables monstres. Armés de sang-froid et de poison, d'un pistolet ou d'une arme blanche, ils tuaient un rival, un conjoint, un enfant, une maîtresse ou un amant, un employeur, voire un malheureux inconnu. Ces histoires, je ne les avais pas choisies par goût du morbide ni par fascination pour la violence, le sang ou la souffrance. Mon objet n'est pas de donner dans un sensationnalisme de mauvais aloi.

Je suis convaincu que, par le prisme de la criminologie, il est possible d'esquisser, plus que par de longs discours, les contours d'une époque. Car ces affaires ne dissimulent rien de la cruauté ni de la petitesse du genre humain.

En s'attachant au récit des délits et au sens des mobiles, en se préoccupant des origines sociales des victimes et des meurtriers, mais aussi en s'interrogeant sur le contexte politique ou social d'un temps, l'historien peut recomposer l'imaginaire d'une époque et d'une société.

Toutefois, son travail resterait incomplet s'il omettait de prendre en considération les travaux des institutions qui traquaient alors ces criminels et les jugeaient. L'historien est un enquêteur, et les archives de la police, dont les techniques d'investigation n'ont cessé d'évoluer de siècle en siècle, sont pour lui un outil formidable dans son travail de reconstitution.

Par ailleurs, l'observation des méthodes judiciaires et l'attitude des juges envers les criminels dans le cadre de chaque affaire constituent également une information précieuse. C'est en effet par la lecture des comptes rendus des procès que l'historien peut saisir les sentiments d'un peuple vis-à-vis de la violence de l'État ; il la soutient ou, au contraire, s'y oppose, et provoque alors des débats d'importance tels que ceux sur la survivance du bagne, sur l'incarcération des adolescents ou, bien évidemment, sur la peine de mort.

Meurtres et assassinats deviennent ainsi les photographies d'un monde en constante évolution. Ils sont des instantanés où se confrontent mentalités et croyances, mettant en scène, côte à côte, bourgeois, entrepreneurs, fonctionnaires, artisans, ouvriers ou paysans, instruits ou ignorants.

Après avoir voyagé avec vous dans un Paris à la fois mystique et mystérieux, j'élargis mes horizons et mon angle d'attaque en vous narrant quarante affaires criminelles qui ont ensanglanté la France, de la fin du Moyen Âge à la Seconde Guerre mondiale.

De Gilles de Rais, maréchal et ogre sanguinaire, à l'avorteuse Marie-Louise Giraud, guillotinée sous le régime de Vichy, ce travail m'a entraîné d'époque en époque et de région en région, à la recherche de criminels qui, loin des tourbillons de la capitale, ont commis d'effroyables forfaits dans les diverses contrées de l'Hexagone.

Je vous invite donc à un tour de France glaçant et volontiers sanglant, de la Provence aux Hauts-de-France, des Alpes à la Bretagne. J'espère que ce périple vous séduira autant qu'il vous fera réfléchir à la nature humaine.

Belle et sombre lecture à toutes et à tous.

PARTIE 1

Auvergne-Rhône-Alpes

LES AFFAIRES CRIMINELLES DE LA RÉGION

1592

La haine de l'oppresseur dans un cadre religieux tendu

Françoise Babou de la Bourdaisière

1796

Une célèbre erreur judiciaire

Le courrier de Lyon

1831

Une institution qui cultive le goût du sang

L'Auberge rouge

1862

L'ogre à la balafre qui terrorise les servantes

Martin Dumollard

1898

Du dépit suicidaire aux crimes sanglants

Joseph Vacher

PENDANT CE TEMPS-LÀ EN FRANCE

1592

LE 13 SEPTEMBRE, alors que la guerre civile fait rage en France et oppose catholiques et protestants, Michel de Montaigne décède en son château.

1796

LE 24 MARS débute la campagne militaire lancée par l'armée de la Première République sur la péninsule italienne. Un certain général Bonaparte la conduit.

1831

LE 3 DÉCEMBRE, les ouvriers de la soie, soutenus par une partie de la garde nationale, mènent une insurrection pour obtenir de meilleures conditions de travail. Le mouvement est maté par les 20 000 soldats du maréchal Soult. L'insurrection se renouvellera en 1834 et en 1848, et reste dans l'histoire sous le nom de révolte des canuts.

1862

LE 10 JANVIER, la France de Napoléon III tente d'étendre sa puissance coloniale au Mexique après plusieurs conquêtes dans le Maghreb. L'échec sera cuisant.

1898

LE 13 JANVIER, Émile Zola fait paraître en une du journal *L'Aurore* sa lettre au président de la République ; intitulée « J'accuse », elle est un plaidoyer en faveur du prisonnier Alfred Dreyfus.

Mᵉ DESTREE
12
B.R
Catherine de Bourbon, fᵉ de Jean d'Estrées vᵉ en 1571. elle était fille de Jacques de
Bourbon batard de Vendome et de Jeanne de Rubempré.

La haine de l'oppresseur dans un cadre religieux tendu

Françoise Babou de la Bourdaisière

« Comme elle avait assez mal vécu, […] il était juste qu'elle reçût quelques punitions de ses crimes. »

À propos de Françoise Babou de La Bourdaisière, *Histoire des amours du grand Alcandre*, Paris, 1661, dans *Bulletin de la Société archéologique, historique et scientifique de Soissons*, 1er janvier 1960

La France du XVIe siècle a connu des décennies sombres marquées par des conflits importants sur fond religieux. Catholiques et protestants s'affrontèrent des années durant pour que ces derniers rentrent dans le giron catholique de l'État. C'est dans ce contexte historique bouillonnant qu'une famille aux racines généalogiques anciennes fait son apparition dans les annales de l'histoire de France : les Babou de la Bourdaisière.

Au sein de cette famille, une demoiselle tire son épingle du jeu en devenant la favorite attitrée du bon Vert-Galant Henri IV : la Galatée au teint laiteux Gabrielle d'Estrées. Elle finira par être délaissée et mourra à vingt-huit ans d'éclampsie à la suite d'un accouchement particulièrement douloureux.

Mais ce chapitre ne lui est pas dédié. C'est à sa mère, Françoise Babou de la Bourdaisière, que nous allons nous intéresser.

Le berceau de la famille Babou était le Berry mais, comme cela se faisait souvent dans les familles sans noblesse qui s'étaient élevées dans les sphères du pouvoir, il fut rapidement imaginé un arbre généalogique plus glorieux. Ils s'inventèrent un lignage prestigieux qui trouvait ses origines chez les condottieri au service de Venise ! À la fin du XVe siècle, Laurent Babou était signalé à Bourges comme notaire royal, mais aussi comme marchand et clerc royal. Ce fut son fils, Philibert, qui conduisit cette famille à la notoriété. Il eut une carrière fulgurante et parvint à devenir premier maître d'hôtel du roi. Il sut faire prospérer son ascension sociale et la fortune financière qui allait avec en plaçant ses filles dans les meilleures maisons de France et en offrant à ses fils des carrières dignes des grands du royaume. L'aîné, Jean, fut d'abord échanson de François Ier, puis nommé bailli de Gien, ayant dans le même temps la charge de maître d'hôtel de François Ier ainsi que celle de gentilhomme ordinaire de la chambre du roi Henri II. Celui-ci l'honora de la capitainerie d'Amboise, une charge de confiance puisque les enfants du souverain étaient sous sa protection. Il devint ensuite bailli de Touraine et finit sa carrière sous le règne de Charles IX comme grand maître de l'artillerie. Depuis 1539, il était uni à Françoise Robertet, fille d'une famille dont l'ascension avait été très semblable à la sienne. Outre sa dot énorme, la jeune femme lui donna plusieurs enfants dont une fille, Françoise, qui entra dans la noblesse d'épée en épousant Antoine d'Estrées. Elle avait dix-sept ans, lui trente.

Françoise avait grandi dans l'entourage des enfants de France, et notamment de Marie Stuart, une enfant vivant en France sous protection royale et destinée à être reine du pays qui l'accueillait. Une amitié se noua. Les deux jeunes filles ne se quittèrent plus. Lorsque, en 1559, Marie Stuart devint reine de France, Françoise devint sa dame d'honneur. Elles se quittèrent pourtant, en 1561, lorsque la première, veuve et sans enfant, retourna régner en Écosse. Françoise trouva place dans l'entourage de Catherine de Médicis. Sa beauté aurait séduit. Ronsard lui dédia plusieurs vers et écrivit pour elle *Sonnets et Madrigals pour Astrée*. Françoise tomba aussi amoureuse de Louis de Béranger de Guast en 1564 – une relation qui fit dire à certains que les huit enfants qu'elle mit au monde et qui eurent le nom d'Estrées n'étaient sans doute pas tous du mari. Cet amant catholique, proche du duc d'Anjou, intervint lors des trois premières guerres civiles sous Charles IX, mais aussi lors de la Saint-Barthélemy. Un amant qui, lorsque ce même duc d'Anjou devint roi sous le nom d'Henri III, se rapprocha davantage du pouvoir, permettant à sa maîtresse de conserver une place de choix dans l'entourage de la nouvelle reine, Louise de Lorraine. Mais, en 1575, l'amant fut tué par Guillaume du Prat, baron de Vitteaux, proche du frère du roi, François d'Alençon. Du chagrin de Françoise d'Estrées, nous ne savons rien, de sa vie non plus, sinon qu'elle était toujours dame d'honneur de la reine à la date du 7 avril 1583, jour où un jeune homme, Yves d'Allègre, vengea l'honneur de son père, tué aussi par Vitteaux, en exécutant ce dernier lors d'un duel.

Françoise d'Estrées voulut rencontrer ce jeune homme, le remercier. Il avait vingt-trois ans, elle quarante et un. Ils devinrent amants, ne se quittèrent plus. Quand abandonna-t-elle définitivement son époux pour Allègre ? Nous l'ignorons. Reste que le mari, en novembre 1586, devant notaire, révoqua toutes les procurations qu'il avait accordées à son épouse et refusa d'assumer ses dettes – ce qui impliquait une séparation officielle. Comment vécurent alors les deux amants ? Les renseignements manquent. Toutefois, il paraît possible que, dès 1587, Françoise ait pu accompagner Allègre sur les terres de ce dernier, en Auvergne, pour résider au château de Meilhaud. Françoise avait laissé derrière elle tous ses enfants, hormis la petite dernière, Julienne-Hippolyte. Catholique mais opposé à la Ligue, Allègre avait obtenu le poste de gouverneur d'Issoire par Henri III. La ville, aux mains des ligueurs, était toutefois à conquérir. Allègre multiplia les tentatives, sans résultat jusqu'au 22 avril 1590, date à laquelle les ligueurs furent défaits. Henri IV confirma Allègre à son poste. Les deux amants vinrent s'installer en ville. Mais, rapidement, outre les ressentiments liés aux violences du passé jamais jugées, le comportement du nouveau gouverneur exaspéra la population, restée majoritairement ligueuse. Une exaspération que Françoise d'Estrées ne tempéra pas. En fait ce fut sur elle que retombèrent toutes les critiques des opposants. Il était facile de le faire : elle n'était pas l'épouse d'Allègre, elle était donc illégitime et par conséquent exposée à tous les reproches. Elle fut regardée comme un objet de perversité d'autant plus scandaleux qu'elle était plus âgée que son amant, ce qui donnait à penser qu'elle avait toute autorité sur lui. Un homme amoureux d'une femme plus âgée était considéré comme un homme faible. Henri II n'avait pas échappé à ces critiques, lui qui avait aimé pareillement une femme de dix-neuf ans son aînée, Diane de Poitiers.

Ainsi, Françoise d'Estrées fut accusée de tout ce qui pouvait être reproché à une femme sans morale. Évidemment, on lui reprocha son amour de l'argent, et pour cela elle fut déclarée responsable de la hausse des taxes demandées par Allègre pour poursuivre la guerre – argent qu'elle aurait détourné à son profit. La répression contre les paysans mauvais payeurs était bien sûr aussi de son fait. Oui, tout le mal venait forcément d'elle. En 1592, et alors que sa fille Gabrielle était déjà la maîtresse d'Henri IV, Françoise d'Estrées était devenue un monstre. Des inventions proférées par ses opposants ligueurs, et qui s'enrichissaient chaque fois que ces mêmes ligueurs regagnaient du terrain dans la région. Les défaites d'Allègre autour de Riom, Saint-Germain-Lembron, leur avaient en effet donné beaucoup plus d'audace, à tel point qu'ils se crurent capables de se débarrasser de l'amante infernale. Le soir du 8 juin 1592, une bande de villageois, soutien des ligueurs, s'arma de pistolets, de couteaux, de dagues et d'épées. Ils s'introduisirent dans la maison du gouverneur, pénétrèrent dans la chambre qu'il partageait avec sa maîtresse. Allègre résista, il fut poignardé. Quant à sa compagne, elle tenta de se réfugier chez sa servante, mais fut rattrapée. Bessant, le boucher d'Issoire, la transperça de son couteau puis lui arracha sa chemise et jeta son cadavre à moitié nu par la fenêtre, suivi de peu par celui de son amant. Les tueurs mirent ensuite la maison à sac, pillèrent ce qu'ils purent emporter. Dans les rues, pour justifier leur double crime, ils crièrent « Le chien et la chienne sont morts ». Exposés à la vindicte en place publique, les corps furent finalement enterrés au château de Meilhaud. Quant aux assassins, ils furent retrouvés et pendus six mois après les faits, alors que la Ligue perdait partout de sa puissance, même à Issoire. Si l'histoire a retenu ce double meurtre, ce fut essentiellement pour dénoncer la nature scandaleuse d'une femme qui avait osé abandonner son mari et ses enfants pour vivre sa vie, et vilipender sa relation avec un homme bien plus jeune qu'elle, dont elle eut un enfant qui ne vécut pas. Mais souligner par ce double meurtre la cruauté d'un temps où les Français n'avaient pas encore appris à faire preuve de tolérance, tant pour les affaires privées que pour les affaires politiques et religieuses, l'histoire ne le fit pas avant longtemps.

L'Affaire du
COURRIER
de LYON
CLÉRICE FRÈRES

Une célèbre erreur judiciaire

Le courrier de Lyon

« Ma bonne amie, quand tu liras cette lettre,
je n'existerai plus ; un fer cruel aura tranché le fil
de mes jours qui devraient être tous à toi et
que je t'avais consacrés avec tant de plaisir,
mais telle est la destinée qu'on ne peut fuir en aucun cas :
je devais être assassiné juridiquement. »

Lettre d'adieu de Joseph Lesurques
à son épouse

Alors que la deuxième moitié de la Révolution est bien entamée, que le Directoire montre ses faiblesses politiques, sociales et économiques, les bandits de grand chemin tels les « chauffeurs » ou les voleurs de diligence font de plus en plus parler d'eux.

Un fait divers datant de cette époque a fait couler beaucoup d'encre car une erreur judiciaire aurait été commise à l'égard d'un homme d'affaires, accusé d'avoir dirigé l'attaque mortelle d'un courrier postal près de la ville de Lyon. Cet homme sera condamné à mort sans réelles preuves, son nom : Joseph Lesurques. Aujourd'hui encore, les historiens débattent de la culpabilité du condamné dans cette affaire, qui demeure mystérieuse.

Reprenons les faits.

Au matin du 26 avril 1796 (8 floréal an IV), quatre cavaliers quittaient Paris et prenaient la route pour Melun. À Montgeron, ils s'arrêtèrent dans une auberge, y déjeunèrent, puis allèrent prendre un café chez le cabaretier en face. Vers 16 heures, ils stoppèrent à Lieusaint. Un des chevaux des cavaliers avait perdu un fer. Ils en repartirent vers 19 h 15, ils ne semblaient pas pressés.

Dans le même temps, la malle-poste qui faisait le service entre Paris et Lyon quittait la capitale. En plus du postillon, Étienne Audebert, qui conduisait les deux chevaux de la voiture, deux passagers y avaient pris place : un homme portant sabre et houppelande bleue, qui s'était déclaré sous le nom de Laborde, et le courrier, chargé par plusieurs particuliers de transporter des biens. Les sommes étaient importantes : outre les bijoux et plusieurs kilos d'argenterie, il y avait dans les coffres de la malle 7 millions d'assignats, 10 000 francs-or et 6 000 francs-argent. Pour ne pas éveiller l'attention, la voiture n'était pas accompagnée de gendarmes.

Le lendemain, vers 4 heures du matin, entre Lieusaint et Melun, au lieu-dit Le Closeau, trois paysans retrouvèrent, en lisière du bois, la fameuse voiture, abandonnée. Un cheval manquait à l'attelage. Quant à la malle, elle avait été vidée de son contenu. À quelques pas de là, dans une mare de sang, gisait le cadavre du postillon ; plus loin, le corps d'un autre homme.

Le juge de paix de Melun et plusieurs gendarmes arrivèrent aux environs de 5 h 30. Autour de la voiture, ils découvrirent un sabre brisé, un manteau bleu taché de sang et une gaine de couteau. Très vite, les enquêteurs recomposèrent le scénario de l'attaque. Le second corps était celui du courrier. L'autre passager avait disparu. Sans doute avait-il pris un des chevaux pour fuir, sans doute aussi était-il complice des brigands. Car, à la barrière de la Bastille, il fut confirmé que cinq cavaliers étaient entrés dans Paris vers 1 heure du matin, le 27 avril. Par ailleurs, place Royale (actuelle place des Vosges), on retrouva dans la matinée le cheval manquant de la voiture. L'enquête se poursuivit donc à Paris sous l'autorité du juge de paix d'Aubanton (ou Aubenton), et très vite, un suspect fut identifié,

Étienne Couriol. Lui et sa compagne, Madeleine Bréban, avaient quitté Paris pour Troyes, en compagnie d'un ami, David Bernard, et de deux autres hommes : Buer et Richard. Couriol et sa maîtresse furent les premiers arrêtés. Dans les bagages de Couriol, on retrouva un cinquième du butin de la malle-poste.

Parmi les clients de l'auberge où Couriol avait logé à Paris, figurait un certain Gesnot. Celui-ci fut interrogé. Mais il n'y avait rien contre lui. Le lendemain, Gesnot allait rechercher ses papiers au bureau central. Sur le chemin, il rencontra un ami, Joseph Lesurques, jeune homme originaire de Douai, qui avait fait fortune en achetant puis en revendant des biens du clergé et des émigrés pendant la Révolution. Lesurques accompagna Gesnot récupérer ses papiers. Dans l'antichambre du bureau central, plusieurs témoins de l'affaire attendaient, dont l'épouse de l'aubergiste et celle du cabaretier de Montgeron. Elles dévisagèrent les deux amis, puis avertirent un gendarme : ces hommes qui venaient d'entrer étaient deux des quatre cavaliers du 26 avril. Elles en étaient certaines. Si le juge de paix ne crut pas les deux femmes, il était toutefois dans l'obligation de prendre en considération leurs dires. Gesnot en effet avait rencontré Couriol à l'auberge où celui-ci logeait, et Lesurques était un ami de Gesnot. Finalement, les deux hommes furent arrêtés et incarcérés. Pour autant, et alors que les interrogatoires des témoins se poursuivaient et que maintenant tous les témoins de Montgeron et de Lieusaint reconnaissaient en Lesurques le jeune homme blond qu'ils avaient croisé, Madeleine Bréban, tout en accablant son amant, jurait n'avoir jamais rencontré Lesurques. Mais la justice avait sept prévenus, ce qui lui sembla suffisant pour clore l'enquête et engager le procès. Toutefois un vice de procédure le retarda. L'affaire fut confiée au juge d'instruction Menessier de Melun, qui procéda à de nouveaux interrogatoires. On fouilla la vie de Lesurques, des rumeurs nouvelles se greffèrent sur les premiers soupçons – il aurait eu pour maîtresse une comédienne, aurait joué dans les tripots du Palais-Égalité des sommes considérables et, malgré les affirmations de son épouse, aurait découché dans la nuit du 26 au 27 avril. Pourtant, la prétendue maîtresse ne fut jamais interrogée, et Menessier semblait avoir oublié l'existence de l'autre passager de la malle-poste, le fameux Laborde. Quant à Lesurques, il clamait son innocence à qui voulait l'entendre.

Sur la requête des accusés, le procès se déroula finalement à Paris. Il débuta le 20 messidor an IV, et quatre-vingt-trois témoins à décharge comparurent au tribunal. Le président Gohier s'en tint à l'acte d'accusation établi à Melun : Lesurques, Gesnot et Couriol étaient les chefs de l'organisation, les autres n'avaient fait que les soutenir dans leur forfait. Depuis son arrestation, outre sa famille, de nombreux amis de Lesurques avaient témoigné spontanément pour tenter de prouver l'erreur de la justice en affirmant qu'ils étaient avec lui le soir du crime – dont le peintre Hilaire Leduc. Les ouvriers qui travaillaient à la réfection de l'appartement de Lesurques assurèrent qu'il leur avait rendu visite le 26 après-midi et qu'il ne pouvait donc pas être à Montgeron au même moment ! Mais le président avait besoin de coupables. Le verdict suivit sa volonté. Si Gesnot et Buer furent acquittés, tout comme Madeleine Bréban, Richard fut condamné à vingt-quatre ans de fers ; Couriol, Bernard et Lesurques, reconnus coupables d'assassinat, furent condamnés à mort.

Un jugement bien étrange, en vérité, lorsque l'on sait que l'accusation s'appuyait sur l'amitié entre Gesnot et Lesurques ! Pourquoi l'alibi de l'un fut-il reconnu et pas celui de l'autre ? Pourquoi David Bernard, bijoutier de profession, et qui ne pouvait se trouver sur la route Paris-Melun en raison des témoignages qui prouvaient sa présence à Paris, fut-il lui aussi puni ?

Les sentences connues, Couriol, pris de remords, cria que le tribunal avait condamné des innocents. Pas lui, non, il reconnaissait sa participation au crime, mais Bernard et surtout Lesurques n'en étaient pas. Les vrais coupables ne se trouvaient pas dans le box des accusés. Ils se nommaient Vidal, Dubosc, Roussy et Durochet, alias Laborde. Ces déclarations, Madeleine Bréban les confirma ; elle raconta tout, reconnut la ressemblance entre Lesurques et Dubosc, qui avait pu confondre les témoins – d'autant que Dubosc avait porté le jour du forfait une perruque blonde. Elle donna l'adresse de l'hôtel où logeait Dubosc, mais l'homme s'était déjà enfui lorsque les gendarmes vinrent l'appréhender. Malgré ces déclarations, la lettre de Couriol, adressée aux membres du Directoire pour implorer la grâce de Lesurques, arriva trop tard. L'acte de condamnation à mort était signé. Les trois hommes furent guillotinés le 30 octobre 1796.

Quatre ans plus tard, les dénommés Dubosc et Durochet étaient arrêtés pour vols. Ils furent jugés pour ces délits et, dans leurs dépositions, évoquèrent leur complice Roussy et reconnurent avoir connu Couriol.

Joseph Lesurques fut-il la victime d'une erreur judiciaire monstrueuse ainsi qu'il l'a été dit et écrit si longtemps et cru encore par beaucoup ? Ou bien, tout au contraire, fut-il justement condamné parce qu'il avait été le véritable commanditaire de l'attentat – même s'il n'y participa pas physiquement –, comme certains historiens aujourd'hui le prétendent au regard d'une nouvelle lecture des sources ? Le mystère reste entier.

PARTOUT
1re LIVRAISON GRATUITE
L'AUBERGE SANGLANTE
DE
PEIREBEILHE
(ARDÈCHE)
26 ans d'assassinat
Grande cause célèbre & historique par J. BEAUJOINT
GRANDES ET BELLES GRAVURES
TOUTES LES LIVRAISONS À 5 Ces SEULEMENT JUSQU'A LA FIN
4 Nos À 5 Ces PAR SEMAINE _ UNE SÉRIE À 25 Ces TOUS LES 10 JOURS
A. FAYARD, Éditeur, 78, Boulevard St Michel, PARIS.

Une institution qui cultive le goût du sang

L'Auberge rouge

« Ces individus, tenant une auberge à Peyrebeille, commune de Larrorée, faisaient métier d'assassiner les étrangers, notamment les colporteurs, qui avaient le malheur d'y loger. »

Le Constitutionnel, 15 juillet 1833

Qu'ont en commun une nouvelle de Balzac parue dans le périodique *La Revue de Paris* et trois films réalisés en 1923, 1951 et 2007 ? Eh bien, ces œuvres narrent l'histoire trouble et sanglante d'une auberge sise dans le hameau de Peyrebeille.

En Ardèche, sur la route d'Aubenas au Puy, se trouvait une auberge isolée, masse de pierres grises aux petites ouvertures, couverte de tuiles rouges, sur fond de landes et de bois. Dans les années 1810, un couple, les Martin, avait acquis ce bien. Ils avaient entrepris des rénovations importantes sur le bâti, cultivé les champs alentour, vendu le foin des prairies, et engagé un domestique dénommé Rochette, un homme de haute taille au teint hâlé, un peu simplet. M. et Mme Martin bénéficiaient d'une bonne réputation, tout autant que leur auberge : la table était bonne, la cave bien garnie ; le lieu ne désemplissait pas.

Un événement vint troubler cette apparente tranquillité. Le 26 octobre 1831, des pêcheurs découvrirent dans l'Allier, à une douzaine de kilomètres de l'auberge, le cadavre d'un vieillard mort sans doute quinze jours plus tôt. Dans le même temps, on était sans nouvelles d'un cultivateur du pays, Jean-Antoine Enjolras, soixante-douze ans. Le 12 octobre, il s'était rendu à la foire de Saint-Cirgues et depuis n'avait plus donné signe de vie. Lorsque les neveux du disparu se présentèrent devant la dépouille, ils n'eurent aucun doute : c'était bien leur oncle. Cherchant à reconstituer l'emploi du temps du vieil homme, la gendarmerie entendit dire qu'Enjolras avait eu l'intention de passer la nuit à l'auberge des Martin.

Interrogé, le patron nia avoir vu ce dernier, et alla même jusqu'à dire qu'il ne le connaissait pas ; las, plusieurs témoins affirmèrent de leur côté avoir souvent rencontré feu Enjolras à l'auberge.

Les portes de l'établissement étaient déjà closes et les Martin prêts à se coucher quand la gendarmerie fit irruption dans la maison, armes à la main, pour arrêter le couple d'aubergistes. Rochette n'était pas là ; ils l'appréhendèrent quelques minutes plus tard, sur la route. À l'annonce de leur arrestation, les langues se délièrent, des histoires invraisemblables émergèrent : l'un affirma qu'il avait été détroussé de 100 francs pendant son sommeil alors qu'il résidait à l'auberge, un autre qu'on avait vu entrer des personnes dans la maison, mais jamais en ressortir. On y aurait brûlé des cadavres, on aurait même vu des mains mijoter dans la marmite de la cuisine ! Les rumeurs, souvent répandues par les concurrents des Martin, s'accumulaient, sans se soucier de présenter un semblant de preuve ni même un mobile.

Durant les vingt mois d'instruction, rien ne fut trouvé qui pût incriminer les époux Martin et leur valet ; mais un témoignage changea la donne. Jean Chaze, un homme de cinquante-six ans qui vivait de mendicité et d'expédients divers, déclara au commissaire que, le 12 octobre 1831, ayant demandé asile aux aubergistes et s'étant couché dans leur grange, il avait aperçu à la lueur d'une lampe les époux

Martin ; ces derniers avaient obligé un client à boire un breuvage, puis s'étaient jetés sur lui, l'avaient assommé et l'avaient transporté hors de chez eux. Il en était certain, le client était le vieux Enjolras. Chaze enrichit son propos d'une foule de détails, ravi d'être écouté et peut-être enfin considéré. Ce fut sur la foi de cette unique déposition que les trois prévenus passèrent devant les juges de Privas entre le 26 septembre et le 2 octobre 1833. Ils furent tous trois condamnés à mort. L'exécution devait avoir lieu sur le théâtre du prétendu crime, c'est-à-dire devant l'auberge. Le pourvoi en cassation et le recours en grâce rejetés, les condamnés furent conduits sur une mauvaise charrette de Privas à Peyrebeille. Le long du chemin difficile et mal empierré s'étaient amassés des hommes, des femmes et des enfants, accourus des hameaux alentour pour les contempler et, parfois, les injurier. La femme monta la première à l'échafaud, puis le mari, enfin le valet. Si on jeta les corps à la fosse commune, les têtes furent conservées et moulées. Elles sont conservées au musée Crozatier du Puy-en-Velay.

Il ne fut jamais envisagé pendant les débats que les aubergistes puissent être innocents. Pourtant, dans le vacarme des injures et des rumeurs, des voix s'étaient élevées pour défendre l'honnêteté des Martin. Un homme affirma même qu'à chaque fois qu'il passait la nuit à l'auberge il confiait son argent au patron et que ce dernier le remerciait de cette confiance. Plus tard, le substitut du roi à Largentière, M. Tané, concéda qu'il avait eu toutes les peines du monde à trouver des témoins à charge crédibles lorsqu'il avait commencé l'instruction.

Les Martin et leur valet furent-ils victimes d'une erreur judiciaire ? Les historiens qui se sont penchés sur les actes d'accusation ne peuvent pas l'affirmer. En tout état de cause, les données sont trop peu fiables pour désigner avec certitude les Martin comme coupables, alors que la rumeur et l'opinion publique les ont condamnés.

L'affaire, fortement médiatisée, a en tout cas marqué les esprits. La littérature s'en est emparée et, du théâtre au récit, du roman au feuilleton, nombreuses sont les œuvres qui ont entretenu le souvenir de « l'auberge rouge ».

« J'incendiai tous ces objets dans le bois des Rouillonnes. » (Page 190.)

L'ogre à la balafre qui terrorise les servantes

Martin Dumollard

« Dagneux est le village
Qu'habitait Dumollard,
Pire qu'un vrai sauvage
Il vivait en fuyard ;
Jamais aucun brigand
N'a versé tant de sang. »

Extraits de la *Complainte sur Dumollard*, sur l'air du *Juif errant*, Clermont, 1862

Celui que l'on appelle « le tueur de bonnes » et qui est considéré comme le premier tueur en série français (même si cela reste difficile à estimer), un homme à l'air patibulaire, est dénoncé par sa dernière victime. Son nom : Martin Dumollard.

En 1861, dans la commune de Dagneux, au hameau du Mollard, un couple vivait retiré du monde. L'homme était né de parents dont l'histoire n'a jamais parlé. Dès l'âge de cinq ans, selon certains témoignages, il aurait vécu de mendicité et de vols. Par deux fois, il fut jugé pour ce délit, condamné à des peines allant de un an à quinze mois d'emprisonnement. Mais depuis 1845 et son installation au hameau avec celle qui était devenue sa femme en 1840, Marie-Anne Martinet, il paraissait se tenir tranquille. Prénommé Martin, il avait pris pour patronyme le nom du lieu où il s'était installé depuis son mariage. Lorsque l'affaire commença, Martin Dumollard avait cinquante et un ans. De petite taille, les cheveux encore noirs, il portait un collier de barbe. Autre signe distinctif, il avait à la lèvre supérieure une tumeur qu'une cicatrice soulignait, formant un bec-de-lièvre. Quant à Marie-Anne, qui allait sur ses quarante-huit ans, tous s'accordaient pour lui trouver presque de la laideur. Ils n'avaient jamais eu d'enfant. Sans fortune, ils survivaient comme tant d'autres, en louant leurs bras à la journée aux cultivateurs de la région.

Depuis quelques années, dans les alentours, plusieurs jeunes femmes, toutes domestiques, avaient mystérieusement disparu, sans laisser de trace ; d'autres avaient été dépouillées de leurs bagages par un individu que personne n'était encore parvenu à identifier. Ce fut l'une d'elles qui déclencha l'affaire, le 26 mai 1861, frappant, affolée, à la porte d'une maison, au milieu de la nuit, pour demander asile. Elle se nommait Marie Pichon. À l'homme venu lui ouvrir, elle raconta son aventure. Elle était servante à Lyon. Un homme l'avait accostée, le matin même, près du bureau de placement. Il se disait jardinier dans un château des environs. Ses maîtres l'avaient envoyé jusque-là pour trouver une remplaçante à une domestique qui venait de les quitter. Elle serait bien payée, 250 francs par an, sans compter les étrennes. La jeune femme ne réfléchit guère, elle accepta la séduisante proposition. L'homme lui donna rendez-vous en fin d'après-midi à la gare de chemin de fer. Ensemble, ils prirent le train. Lorsqu'ils arrivèrent à destination, la nuit était déjà tombée. Il fallait marcher encore une petite heure. Ils empruntèrent un chemin qui traversa un bois, puis un champ. L'homme, qui portait la malle de Marie depuis la gare, la laissa soudain choir, disant qu'il viendrait le lendemain la rechercher avec la charrette, car elle était trop lourde pour lui et pour un si long chemin. Peu à peu, la jeune femme remarqua qu'il cherchait à la faire passer devant lui, qu'il s'était aussi muni d'un pieu pour s'en servir de canne ; enfin, se retournant soudain, elle le vit tirer de sa blouse bleue une corde avec un nœud coulant. Elle laissa son parapluie et son carton à chapeau tomber à terre, se débattit lorsqu'il voulut la saisir, puis courut, se blessa au poignet, mais parvint à le semer. Quand elle arriva à la clôture du chemin de fer, elle se mit à crier de toutes ses forces. Cette histoire en rappelait d'autres, et la gendarmerie fut prévenue aussitôt.

Au petit jour, lorsque les gendarmes arrivèrent sur les lieux de l'agression, la malle avait disparu. La retraite du malfaiteur ne devait pas être loin. La description qu'en fit la victime les mit sur la voie d'un suspect : Martin Dumollard. Quand celui-ci fut conduit à la gendarmerie, la domestique le reconnut immédiatement. Dès lors l'instruction alla de découverte en découverte. La perquisition au hameau s'avéra très fructueuse : on y trouva des malles pleines de vêtements féminins, avec des tenues de domestiques, et tous les objets appartenant à Marie Pichon. La gendarmerie n'eut plus de doutes. Pour retrouver les cadavres, elle ratissa les bois de Montmain, Civeraux et Sainte-Croix. Dans cette entreprise, plus de cinq mille hommes et femmes lui prêtèrent main-forte. Par ailleurs, les papiers retrouvés dans certaines malles permirent d'identifier leurs propriétaires.

Ainsi, les gendarmes purent remonter jusqu'à sept ans en arrière et mettre des noms sur ces femmes disparues. Le cadavre découvert un an auparavant par des chasseurs dans la forêt de Montaverne, baignant dans son sang, entièrement nu, mis à part un bonnet de tulle noire sur la tête et une paire de souliers qui permirent de l'identifier, était celui de Marie Baday. Dumollard l'avait tuée après l'avoir violée. Une autre, dont le corps dépouillé de tout vêtement fut mis au jour dans le bois de Montmain, pouvait être une de ses victimes, au regard de la similitude de l'agression. Quant à Marie Bussod, elle était celle qui fut retrouvée dans les bois des Communes ; la terre présente dans l'une de ses mains crispées prouvait qu'elle avait été enterrée encore vivante. Voilà pour les corps découverts. À cela, il fallait ajouter toutes les femmes qui étaient parvenues à s'enfuir, effrayées par l'obscurité du bois, mais qui pour sauver leur vie avaient souvent abandonné leurs quelques biens. Recherchées pour témoigner, toutes reconnurent Dumollard à son bec-de-lièvre. Elles étaient une bonne dizaine. Parmi elles : Marie Curt, Olympe Alubert, Josephte Charlety, Jeanne-Marie Bourgeois, Victorine Perrin, Julie Farjat et Louise-Marie Michel.

D'autres meurtres de servantes, notamment entre 1852 et 1853, dont les corps furent repêchés dans le Rhône, furent sans doute commis aussi de sa main. Mais devant le manque de preuves ces victimes furent écartées de la liste. Quant à l'épouse, elle comptait l'argent des économies des victimes, nettoyait leurs vêtements souillés pour les porter ou les revendre, marchandant tous les bijoux et objets ayant quelque valeur auprès des usuriers et des brocanteurs. Une petite industrie qui fut leur principale source de revenus pendant plusieurs mois. Identifié formellement, Martin Dumollard ne put nier longtemps. Il choisit pour se défendre de se présenter lui aussi comme une victime, inventant une histoire digne d'un mauvais roman. Il prétendit qu'une bande de bandits avait fait un marché avec lui. Ils lui avaient soi-disant proposé de lui payer 40 francs chaque fille qu'il leur livrerait pour assouvir leurs fantasmes sexuels. S'il respectait le contrat, au bout de dix ans, ils le gratifieraient de la somme très substantielle de

10 000 francs. Il avait accepté par appât du gain. Mais très vite, il s'était aperçu que ces filles ne revenaient pas. C'était pour les épargner qu'il les avait effrayées afin qu'elles s'enfuient. Pouvait-il s'arrêter ? Non, les bandits menaçaient de le dénoncer. Étaient-ce ces hommes qui lui avaient donné tous les objets appartenant aux victimes ? Il les avait trouvés. Quant à son épouse, elle ignorait leur provenance. Elle ne posait pas de questions à son mari. Évidemment, personne ne crut à cette histoire cousue de fil blanc.

Le procès se déroula du 27 au 31 janvier 1862, aux assises de l'Ain, à Bourg. Les époux Dumollard comparurent pour assassinat, tentative d'assassinat, vols qualifiés et recel. Les pièces à conviction avaient été étalées devant les jurés : il s'y trouvait la corde de chanvre avec laquelle Dumollard avait tenté de se suicider dans sa cellule, aux derniers jours de sa captivité, les malles des servantes et plusieurs de leurs objets personnels. Martin Dumollard maintint son système de défense. Il conserva toujours son calme, ne se démonta jamais. Le réquisitoire du procureur général Gaulot fut sans concession : il demanda aux jurés un verdict « entraînant l'expiation de pareils forfaits ». Me Lardière, avocat de Martin Dumollard, lut une lettre de Victor Hugo sur la peine de mort et argumenta sa plaidoirie autour du sujet. Quant à Me de Villeneuve, défenseur de Marie-Anne Martinet, il tenta d'enfoncer l'époux pour sauver sa cliente. Finalement, le mari fut condamné à avoir la tête tranchée et l'épouse à vingt ans de travaux forcés.

Neuvième année. — N° 456. Huit pages : CINQ centimes Dimanche 31 Octobre 1897.

Le Petit Parisien

TOUS LES JOURS
Le Petit Parisien
5 CENTIMES

SUPPLÉMENT LITTÉRAIRE ILLUSTRÉ

DIRECTION : 18, rue d'Enghien, PARIS

TOUS LES JEUDIS
SUPPLÉMENT LITTÉRAIRE
5 CENTIMES

LES CRIMES D'UN MONOMANE

LE « CHEMINEAU » JOSEPH VACHER

1. Le Joueur d'accordéon. — 2. La Fuite après le crime. — 3. Portrait de Joseph Vacher. — 4. L'assassin guettant une de ses victimes.
5. Un enfant jeté dans un puits. — 6. L'arrestation. — 7. Une confrontation dans le cabinet du Juge d'instruction.

Du dépit suicidaire aux crimes sanglants

Joseph Vacher

« M. Fourquet, juge d'instruction à Belley, croit avoir mis la main sur le fameux tueur de bergers surnommé "Jack l'Éventreur du Sud-Est". »

Le Petit Journal, 9 octobre 1897

L'histoire criminelle de ma région de naissance, l'Auvergne-Rhône-Alpes, regorge d'assassins en tous genres qu'il m'est impossible d'énumérer exhaustivement dans cet ouvrage. Néanmoins, il en est un qui sort du lot, un jeune homme qui, après une tentative de meurtre et de suicide, va devenir l'un des plus grands tueurs en série du XIXe siècle : j'ai nommé Joseph Vacher.

Joseph Vacher naquit le 16 novembre 1869 à Beaufort, dans une famille de cultivateurs. Après avoir été postulant chez les pères maristes de Saint-Genis-Laval, il rentra chez lui, pour ensuite tenter l'aventure à Grenoble où il fut employé dans une brasserie. En 1890, il fut incorporé dans le 60e régiment d'infanterie de Besançon, au sein duquel il acquit le grade de sous-officier deux ans plus tard. À cette époque, il rencontra une jeune femme originaire de Beaune avec qui il se fiança. Mais bientôt la fiancée rompit sa promesse ; profondément affecté par ce rejet, Joseph Vacher tenta de la tuer avant de se tirer une balle dans la tête. La jeune fille s'en sortit saine et sauve, et lui se vit obligé de vivre avec la balle dans la tête, car elle ne put être extraite. Réformé après cette tentative de suicide, il fut interné dans l'asile d'aliénés de Dôle, puis dans celui de Saint-Robert, en Isère, d'où il sortit en avril 1894.

Dès lors, désœuvré, en proie à ses déconvenues sentimentales et le crâne partiellement béant, Joseph Vacher allait réellement commencer sa carrière de meurtrier. Il errait de ferme en ferme pour proposer ses services, hanté par des pulsions qui le poussaient à s'attaquer indifféremment à de jeunes bergers ou à de jeunes bergères. Il étranglait puis violait ses victimes. Il lui arrivait souvent de les mutiler. Puis, son forfait commis, Vacher allait chaque fois à la rivière pour se laver et changer de vêtements.

Jamais il ne fut inquiété au cours de cette dizaine d'années de crimes. Il est vrai que ses errances le rendaient difficile à appréhender, et que les communications entre gendarmerie et magistrats n'étaient pas courantes alors. Il n'eut que rarement maille à partir avec la justice : pour vagabondage, délit pour lequel il écopa d'un mois de prison, ou pour une tentative de viol sur une jeune femme, ce qui lui en valut trois.

Il fallut son arrestation après une nouvelle tentative d'« odieuses violences » à l'encontre d'une jeune femme, le 4 août 1897, pour que soit fait le rapprochement entre ses précédentes inculpations et les crimes qui terrorisaient la région. Pendant l'instruction de la tentative de viol, le juge avait été frappé par la ressemblance entre Vacher et un vagabond recherché pour une série de crimes par différents parquets et, notamment, par celui de Belley. Un mois suffit pour reconstituer la route de Vacher et le lier aux meurtres, qu'il reconnut bientôt avoir perpétrés. Aussitôt sa condamnation prononcée, le 7 septembre 1897, il fut transféré à Belley. Il refusa d'abord de répondre au magistrat, qui se plongea dans son passé. Puis, peu à peu, il se livra.

Il justifia ses méfaits en affirmant ne pas avoir toutes ses facultés mentales, et se disait désigné par Dieu pour tuer.

« Quand cela me prend, il faut que je tue et j'éprouve un grand soulagement. Je ne cherche pas mes victimes, tant pis pour elles lorsque le hasard les amène devant moi. » Il reconnut rapidement huit assassinats, depuis le Var jusqu'à la région dijonnaise en passant par la Savoie, l'Ain, les alentours de Lyon, la Haute-Loire, l'Ardèche.

Fin octobre 1897, l'enquête conduite par le juge Émile Fourquet permit de dénombrer dix victimes supplémentaires, mortes dans des conditions très semblables. Lors des interrogatoires, Vacher avouait parfois un crime supplémentaire, qu'il fût déjà inscrit sur la liste constituée – ainsi reconnut-il avoir assassiné Eugénie Delhomme le 19 mars 1894, à Beaurepaire, en Isère, et Alice Alaise le 23 septembre 1896, à Bourdeaux, dans la Drôme –, ou qu'il fût nouveau aux oreilles de la justice. Il reconnut par exemple avoir tué, violé puis découpé un jeune vagabond de quinze ans, dans la région de Fourvière. Ce qu'il restait du corps de l'adolescent fut retrouvé le 26 octobre 1897.

Par ailleurs, afin de faciliter les recherches, la photo de Vacher fut diffusée dans tous les journaux régionaux, mais également placardée sur les panneaux des mairies où un crime non élucidé avait été commis. Cette surexposition médiatique inquiéta l'assassin, qui, excentrique, collectionnait toutes les coupures de presse le concernant : il eut peur de déplaire !

L'enquête dura plus d'un an. Le procès s'ouvrit le 26 octobre 1898 et fut bouclé en trois jours. Pourquoi un procès si court au regard du nombre de victimes ? Simplement parce que la cour de justice de l'Ain ne pouvait juger que les criminels ayant agi dans son département. En somme, Joseph Vacher fut jugé pour deux meurtres seulement, ceux de Victor Portalier et de Marie Mussier, meurtres qu'il avait du reste reconnus. Examiné par le Dr Lacassagne, Vacher fut décrété responsable de ses actes car, selon le médecin, et contrairement à ce qu'affirma toujours Vacher, il choisissait ses victimes. Jamais il ne s'était attaqué à un homme robuste, ni à quelqu'un dans la force de l'âge ; il avait assassiné des personnes qu'il était capable de dominer. Des propos que confirmèrent à leur manière les aliénistes Pierret et Rebatel. Le 28 octobre, celui que l'on surnommait « le chasseur de bergers et de bergères » ou « le chemineau sinistre » fut sans surprise condamné à mort. Il fut exécuté le 31 décembre 1898, à 7 heures du matin, à Bourg-en-Bresse. Il était âgé de vingt-neuf ans. À 11 heures, la faculté de médecine, qui avait demandé le corps, avait fini l'observation du cerveau du condamné : un cerveau de 1,5 kg, soit le poids normal. Il n'y fut trouvé aucune lésion. Rien d'anormal, donc, hormis la balle qui y était restée.

Les jurés de l'Ain pouvaient dormir tranquilles : leur verdict avait bien frappé un criminel, non un irresponsable. Les hommes de science l'avaient assuré.

PARTIE 2

Bourgogne-Franche-Comté

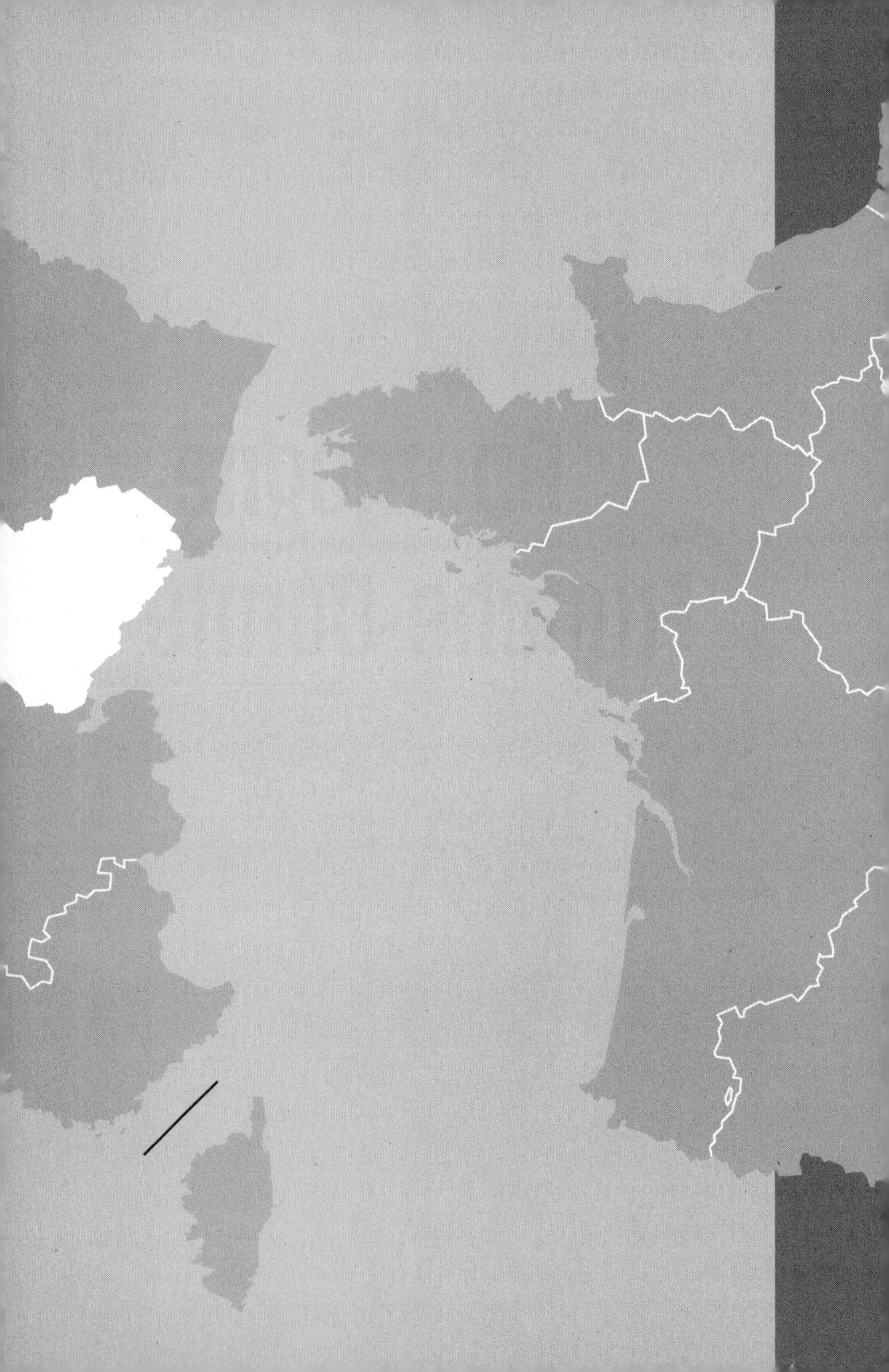

LES AFFAIRES CRIMINELLES DE LA RÉGION

1574

Le dernier loup-garou français

Gilles Garnier

1835

Une scène morbide dans la maison de Dieu

L'abbé Delacollonge

1851

Le braconnier aux idéaux égalitaires

Claude Montcharmont

1852

L'affaire insensée d'un criminel fou

Antoine Emmanuel Jobard

1882

La Bourgogne en proie à l'effroi

La Bande noire

PENDANT CE TEMPS-LÀ EN FRANCE

1574

LE 30 MAI, alors que la cinquième guerre de religion a débuté en février, le roi Charles IX, âgé de 23 ans, décède à Vincennes. Puisqu'il n'a pas d'héritier, la couronne échoit à son frère cadet, Henri, roi de Pologne, qui règne sous le nom de Henri III.

1835

LE 2 NOVEMBRE, création du chemin de fer qui relie Paris à Saint-Germain (actuellement Saint-Germain-en-Laye).

1851

LE 2 DÉCEMBRE, Louis-Napoléon Bonaparte, président de la IIe République depuis trois ans, fomente un coup d'État par la dissolution de l'Assemblée nationale et appelle à la rédaction d'une nouvelle Constitution.

1852

LE 14 JANVIER, après avoir très violemment réprimé ses opposants, Louis-Napoléon Bonaparte se déclare président à vie et prend le titre de prince-président.

1882

Après avoir instauré la gratuité de l'enseignement primaire en 1881, Jules Ferry rend l'école primaire obligatoire **LE 28 MARS**.

Le dernier loup-garou français

Gilles Garnier

« Arrest memorable de la Cour de parlement de Dole, donné à l'encontre de Gilles Garnier, lyonnois, pour avoir en forme de loup garou devoré plusieurs enfans. »

Titre de la monographie imprimée par B. Rigaud (Lyon) puis P. Des-Hayes (Sens), 1574

Dans un XVIe siècle tourmenté, alors que la France est déchirée par des guerres de Religion qui n'en finissent pas, une affaire sanglante à nulle autre pareille a éclaté dans la région franc-comtoise à proximité de la commune de Dole. En effet, des corps décharnés, sauvagement mutilés et dévorés, sont retrouvés dans plusieurs endroits au nord du Jura. Les riverains sont apeurés, ces méfaits sont sans doute l'œuvre d'une bête monstrueuse. Des battues sont organisées pour traquer l'effrayante créature. Pourtant, le nom d'un homme est rapidement associé à ces meurtres : Gilles Garnier.

Un homme dont les documents ne nous disent presque rien, sinon qu'il se nommait Gilles Garnier, qu'il était né à Lyon, qu'il avait été ermite avant de prendre femme, une certaine Apolline, et qu'ils vivaient ensemble dans l'ermitage de Saint-Bonot, près d'Amanges, sa première demeure. Et puis, évidemment, il y a ses crimes. Des actes sanguinaires fixés sur le papier, d'abord par le compte rendu du procès, puis par un libelle s'adressant au doyen de l'église de Sens, publié l'année suivante et commenté dans une seconde partie par un auteur anonyme. Enfin, l'histoire fut assez remarquable pour rester dans la tradition populaire, s'enrichissant de détails et de légendes, avant d'intégrer jusqu'au XIXe siècle les livres consacrés soit à la Franche-Comté, soit aux récits cruels et fantastiques des campagnes de France. Une histoire parfois augmentée de gravures pour mieux souligner la cruauté des faits et la brutalité d'une époque, mais qui passait sous silence les causes et effets de la misère.

Qu'avait donc fait précisément ce Gilles Garnier ? Peu après la Saint-Michel 1572, soit vers le 30 septembre, sous la forme d'un loup-garou, selon son propre témoignage, il se serait attaqué à une fillette de dix-douze ans qui traversait une vigne longeant le bois de la Serre dans le vignoble de Châtenoy, à un quart de lieue de Dole. Il ne fit pas que l'étrangler avec ses mains « semblant pattes », selon le greffier, il lui avait aussi planté ses crocs, « semblables à ceux d'un tigre », toujours selon le même auteur, dans la gorge, puis l'avait traînée jusqu'à l'orée du bois. Là, après l'avoir dépouillée de ses vêtements, il avait commencé à la dévorer, par la cuisse et le bras. Enfin, il avait détaché une jambe du cadavre pour la ramener à son épouse.

Huit jours après la Toussaint, le 8 novembre 1572, toujours sous l'apparence d'un loup, dit le texte, il s'était emparé d'une autre fillette, près du pré de la Ruppe, un peu avant midi. Outre les blessures qu'il lui avait faites sur le corps en l'attrapant, il commençait à l'étrangler lorsque trois paysans que les cris avaient peut-être alertés vinrent au secours de l'enfant. La fillette fut sauvée. Garnier avait récidivé une semaine plus tard, toujours sous la forme d'un loup, entre Gredisans et Menoté, à une lieue de Dole. Cette fois-là, il avait attaqué un garçon d'une dizaine d'années. Là encore il avait dévoré la chair des cuisses, mais également son ventre, et démembré aussi une jambe ; peut-être pour la même raison que la première fois. Enfin, début décembre, il avait poursuivi un autre garçon, un peu plus âgé que les autres, treize ans environ, qui se tenait sous un poirier près du bois de Cromary. Il était parvenu à s'en saisir, à le traîner jusqu'au bois, mais les cris de l'adolescent alertèrent plusieurs personnes, qui vinrent le secourir. Reste que l'enfant était déjà mort lorsqu'ils le délivrèrent. Là, selon les témoignages, Garnier avait une apparence tout à fait humaine.

Les documents ne disent pas comment il fut arrêté, et que devint son épouse dans cette histoire. En revanche, ils précisent que Garnier fit des aveux spontanés. Le procès, un des rares procès pour lycanthropie de l'histoire, fut rapide. Un prisonnier était alors considéré comme une charge coûteuse. Garnier fut condamné à payer les frais de justice. Mais la peine pour ses crimes fut tout autre. Elle fut semblable à celle imposée depuis des décennies aux hérétiques, sorciers, sorcières et autres créatures jugées déviantes et maléfiques. Après avoir été traîné sur une claie, sur le dos, de la conciergerie de Dole où il avait été incarcéré jusque devant l'église de la ville pour y faire amende honorable, Garnier fut conduit par le bourreau jusqu'à la grand-place, pour y être brûlé vif. Ses cendres, comme il était alors coutume pour tous les condamnés de ce type, furent sans doute jetées à l'eau. La terre sacrée des cimetières n'était pas pour ces gens-là.

Cette histoire survint dans un contexte particulier pour la France. Les meurtres de Garnier avaient commencé un mois après le massacre de la Saint-Barthélemy à Paris, qui s'était prolongé, les semaines suivantes, dans plusieurs villes du royaume. Selon la propagande royale, ce massacre parisien avait été une volonté de Dieu, l'expression de sa colère contre les protestants déclarés hérétiques, afin de rétablir l'harmonie dans le royaume et conserver la « vraie foi », c'est-à-dire la foi catholique. Depuis plus de dix ans, la France était déchirée par les guerres civiles entre ces deux partis, et chacun, par les armes et par l'écrit, accusait l'autre de tous les maux, de tous les vices, de tous les crimes.

Par ailleurs, cette volonté de voir en Garnier un loup-garou n'était pas nouvelle. Les phénomènes de ce type, reconnus déjà par les auteurs antiques, la justice royale du XVIe siècle les admettait : ils étaient les manifestations du mal ; ils apparaissaient chaque fois que le royaume était en crise ; ils étaient comme des révélateurs en négatif d'un dérèglement de la société causé par les hommes et imposé par Dieu, dans son infinie puissance, pour les obliger à réfléchir et à se réformer. Car la colère divine ne s'exprimait, selon l'esprit de l'époque, pas seulement par la famine, les épidémies, les inondations ou les sécheresses. Elle se matérialisait également par la venue de créatures immondes, amorales, travesties, qui pervertissaient les plus faibles, endoctrinaient les ignorants, s'attaquaient aux innocents, et dans le cas présent aux enfants. Les histoires comme celles de Garnier ont pullulé pendant ces années de guerres de Religion, non pas lors des affrontements, mais pendant les temps de pacification qui suivaient. Elles furent reconnues comme vraies car utiles à la justice royale pour rétablir, par une autre voie que les édits, l'ordre voulu par Dieu et le souverain.

De surcroît, Garnier n'était-il pas ermite, c'est-à-dire un catholique reclus avant de choisir de prendre femme, c'est-à-dire d'abandonner ses vœux ? S'était-il pour autant converti au protestantisme ? En tout cas, il avait rejeté la foi catholique. Ce choix le faisait entrer, pour les catholiques, dans le domaine du monstrueux et de l'imaginaire maléfique. Sous le règne de Charles IX, les traités de pacification interdisaient à la justice de prononcer la peine de mort pour fait de religion, dans un espoir de concorde, mais ils n'interdisaient nullement que l'on brûle sorciers, sorcières et autres démons, bref ces individus qui ne respectaient pas les normes et pouvaient préparer ainsi d'autres troubles.

Certes, Garnier avait tué des enfants. Les avait-il dévorés pour autant ? Et même si cela avait été le cas parce qu'il avait faim, quid du loup-garou ? Sa transformation impliquait un sortilège de sorciers, donc d'un opposé à Dieu... Sa conversion au protestantisme ne fut pas signifiée officiellement, mais cet argument fut clairement mis en évidence, alors que, par ailleurs, on savait peu de choses sur sa vie. Le protestantisme avait déréglé cet homme, et le Diable, présent chez tous les protestants, s'en était emparé. Ces détails démoniaques pris en compte par la justice ne faisaient qu'ajouter à la monstruosité des crimes, celle de l'abandon de la foi par un catholique !

Une scène morbide dans la maison de Dieu

L'abbé Delacollonge

« Il oublia qu'il était devant ses juges, et, là, il ne pensa plus qu'à Fanny. Celle qu'il avait tant aimée et qu'il avait si cruellement assassinée, il la revoyait maintenant telle qu'elle était dans la nuit fatale, au moment où il s'était mis à la découper pour effacer les traces du crime. »

Extraits de *L'Abbé Delacollonge : mœurs cléricales*, tome II, Francis Enne, Bruxelles, J. Maheu, 1880-1890

Le 24 août 1835, alors que la nuit vient de tomber, un homme en tenue de prieur semble attendre quelqu'un sous le porche du presbytère de Sainte-Marie-la-Blanche en Bourgogne. Une jeune fille le rejoint rapidement, et ils entrent dans le lieu obscur dissimulant leurs chaleureuses retrouvailles.

Le lendemain, le curé sort du presbytère pour donner la messe matinale et, sur le chemin, s'arrête près d'une mare pour y jeter un sac brodé. Quelques heures plus tard, il quitte précipitamment Sainte-Marie-la-Blanche pour la Suisse.

Le 31 août 1836, à Sainte-Marie-la-Blanche, près de Beaune, deux femmes s'apprêtaient à laver leur linge à la mare du village lorsqu'elles aperçurent un sac flottant à la surface de l'eau. Avec un bâton, elles le ramenèrent jusqu'à la rive, l'ouvrirent et y découvrirent des restes humains : la tête d'une femme aux cheveux coupés, un bras et une jambe. Elles laissèrent leur lessive et coururent jusqu'à la gendarmerie. Le plan d'eau fut bientôt fouillé. Il y fut retrouvé les autres parties du cadavre ; manquait toutefois le bas-ventre.

Le jour de cette découverte macabre, l'abbé Delacollonge, curé du village, demeura introuvable. On se souvint alors d'avoir vu dans la bourgade, deux ans auparavant, une jeune femme dont il disait qu'elle était sa cousine. Ces deux événements eurent vite fait d'être rapprochés. Et si le cadavre était celui de cette mystérieuse demoiselle ? L'instruction permit d'identifier rapidement la morte. Elle se nommait

Françoise Besson, était originaire de Lyon et était modiste de profession. Mais le mystère n'en fut bientôt plus un car, le 30 septembre, à Lyon, Jean-Baptiste Delacollonge, en vêtements civils, était arrêté au bureau des diligences alors qu'il s'apprêtait à partir pour Genève. Le curé avoua tout.

Né à Bagnols de parents sans fortune, il avait suivi la voie ecclésiastique sans passion. En 1820, alors qu'il venait d'avoir vingt-trois ans, il fut nommé vicaire à Saint-Pierre de Lyon. Quatre ans plus tard, il rencontra celle que tout le monde surnommait Fanny. Tout en gardant l'habit, il devint son amant. Pour l'aider à se mettre à son compte, il lui prêta 2 000 francs. Mais cette relation fut connue, tout comme les autres aventures amoureuses du religieux. L'évêché y mit un terme en le retirant de Saint-Pierre pour le placer au collège de Toissey. Néanmoins sa relation avec Fanny Besson perdura. L'abbé fut changé d'établissement, enseigna un temps à Neuville. Mais Fanny n'était jamais loin.

Finalement, en 1832, il fut nommé desservant à Sainte-Marie-la-Blanche. La jeune femme vint souvent le voir ; elle s'installa même au presbytère pendant trois mois, se disant la cousine du curé. Mais elle tomba enceinte. Le 1er septembre 1834, elle quitta Lyon pour Dijon, où Delacollonge lui loua une chambre qu'il meubla en partie. Fanny avait changé de nom, se faisait appeler Mme Desgarenne, elle affirmait que l'homme qui l'accompagnait était son frère. Le 12 février 1835, elle mit au monde un enfant sans vie. L'accouchement s'était mal passé, Fanny fut longtemps très faible. Les soins nécessaires à son rétablissement coûtaient cher. Son amant les finança en totalité. Sauf que sa cure ne lui rapportait pas assez pour subvenir à tous ces frais. Il chercha de l'argent, en emprunta. Puis, toujours en manque d'argent, il vola celui du presbytère. Fanny se remettait lentement, trop lentement pour les finances du curé. Finalement, celui-ci décida de la ramener avec lui à Sainte-Marie-la-Blanche, à la condition que sa présence ne soit connue de personne, hormis de la domestique, Louise Gruvet, à qui il était impossible de la dissimuler. Une domestique qui n'était pas dupe de la relation qu'entretenait son maître avec la jeune femme.

Fanny pénétra clandestinement dans le logis du curé dans la nuit du 7 au 8 août 1836. Mais la bonne, n'en pouvant plus, se confia au maire, François Poupon, qui, soucieux de la respectabilité de son village, en parla le 24 août à Delacollonge. Il lui imposa de faire partir cette femme au plus tôt. Ce soir-là, les deux amants s'étaient retrouvés alors que la domestique était déjà dans sa chambre. Le curé annonça à Fanny qu'elle devait partir le soir même pour Beaune, et de là pour Chalon où il lui trouverait une chambre. Selon le témoignage de l'homme d'Église, il aurait alors évoqué la possibilité d'un suicide, oubliant qu'il pouvait quitter la robe, qu'ils pouvaient s'enfuir. Il crut entendre un « oui » murmuré par celle qui l'avait toujours aimé. Pourquoi lui prit-il alors le cou et le serra-t-il tant qu'elle perdit connaissance ? Pourquoi lui donna-t-il l'extrême-onction, avant de l'étrangler encore, jusqu'à être certain de son décès ? Pourquoi ne se dénonça-t-il pas à la gendarmerie plutôt que de cacher le corps dans une malle et de laisser croire à la bonne qu'il sortait accompagner

Fanny jusqu'à la diligence pour Beaune ? Pourquoi, lorsqu'il rentra au milieu de la nuit, écrivit-il cette longue lettre qu'il fit porter par sa domestique à la poste de Beaune dès 6 heures du matin, lui demandant, pour l'éloigner plus longtemps de la maison, de faire plusieurs courses pour lui par la même occasion ? On peut s'interroger aussi sur les raisons pour lesquelles il se mit à trancher le cadavre de cette façon : la tête d'abord, sur le billot qui servait à fendre les bûches, puis les bras, les jambes et le tronc, qu'il mit dans la malle qui contenait le corps depuis la veille au soir, avec l'intention de les mettre ensuite dans le sac de jute qu'il avait préparé pour mieux les transporter ensuite. Et puis pourquoi avoir voulu vider le corps de son cœur et de ses entrailles, qu'il mit dans une cuvette pour finalement les jeter dans le lieu d'aisances, avec les cheveux de la morte qu'il avait coupés ? Pourquoi, enfin, avoir brûlé les linges pleins de sang qui avaient servi à éponger le sol, en même temps que tous les effets de Fanny ? Le sac, il le dissimula toute la journée dans le jardin, loin du regard de sa domestique revenue de son déplacement à Beaune.

Le soir du 25, après avoir prévenu sa bonne qu'il sortait prendre l'air, il alla récupérer le sac et marcha jusqu'à la mare. Mais il pleuvait, Delacollonge glissa, le sac se perça, des bouts du corps s'en échappèrent. Il jeta le tout à l'eau. Lorsque le corps de Fanny fut découvert, paniqué, il n'avait pas réfléchi : il s'était emparé du peu d'argent qu'il avait, 40 francs, des couverts en argent de la cure, d'une montre et de deux bagues de la morte et était parti pour Lyon. Là-bas, il retrouva une vieille connaissance, Louise, dite Adélaïde

Ripet, qu'il avait rencontrée à la sortie d'un théâtre, dans la cité du Rhône, en 1828. Ils avaient été amants un temps, puis étaient restés amis. Limonadière de profession, ce fut elle qui se chargea de vendre ses biens.

Le 31 octobre 1836, soit un mois après son arrestation, le curé de Sainte-Marie-la-Blanche était transféré de la maison d'arrêt de Beaune à la prison de Lyon, où il attendit l'ouverture de son procès, le 10 mars 1837. Il était accusé de l'assassinat, avec préméditation, de la modiste Françoise Besson et de vols avec effraction dans la paroisse de Sainte-Marie-la-Blanche. Les témoignages furent très sévères à l'encontre de cet homme qui s'était sans doute trompé de vocation et qui n'avait pas eu le courage de l'admettre. Ses différentes maîtresses – une Strasbourgeoise dont le nom ne fut jamais cité, une certaine Mathurine Izio alors qu'il était à Neuville, et Louise, dite Adélaïde – furent évoquées. Les autres aventures qu'on lui prêtait dans les maisons closes de Dijon, ou d'ailleurs, ne furent jamais prouvées. Lui avoua ses crimes, mais estima ses actes louables au vu de la situation. La presse s'acharna contre le curé devenu l'incarnation même du Diable.

Le lendemain, 11 mars, la sentence tombait. Jean-Baptiste Delacollonge était condamné aux travaux forcés à perpétuité, avec exposition publique pour première pénitence. Le clergé, qui l'avait exclu de sa communauté, tenta de lui éviter l'humiliation publique, « un scandale inutile », avait dit l'évêque. Mais rien n'y fit. Le 14 mai, à 11 heures du matin, devant la prison de Lyon, l'ancien ecclésiastique fut exposé, sur un échafaud, aux quolibets, aux injures et aux jets de pierre de la population venue voir le curé assassin. Puis il fut ramené à Dijon jusqu'au 28 mai où, à l'aube, il fut enchaîné et conduit avec les autres forçats au bagne de Brest. Ce spectacle de la misère attirait chaque fois beaucoup de spectateurs. La présence d'un curé meurtrier, aux côtés d'un des complices du célèbre Lacenaire, en fit venir davantage. À Chalon, le 3 juin, la chaîne fut augmentée de nouveaux prisonniers. Qui firent ensuite un voyage à travers la France dans des conditions qui outrèrent certains, et notamment le reporter du *Courrier de la Moselle* : « Entassés comme des ballots, sur des charrettes découvertes, les jambes pendantes, dans une position mille fois plus fatigante que s'ils faisaient la route à pied, risquant de se briser les jambes contre les roues à chaque instant. Les bouchers ne conduisent pas les bêtes avec plus d'insensibilité ; ce spectacle faisait horreur. »

Un temps, la rumeur courut que Delacollonge s'était évadé avec son compagnon de chaîne, un ancien médecin. En fait, Delacollonge décéda en octobre 1851, au bagne de Brest. Parce qu'il était instruit, les charges manuelles lui furent rapidement épargnées. Il passa l'essentiel de son temps dans les bureaux à faire les comptes de l'institution. Grand, distingué, et connu pour son passé ecclésiastique, ces comparses l'appelaient « Monseigneur ».

Le braconnier Montcharmont.

Le braconnier aux idéaux égalitaires

Claude Montcharmont

« Vos guillotines sont aussi mal faites que vos lois. »

Charles Hugo, *L'Événement*, 1851

Lorsque Charles Hugo, le fils du grand Victor, écrit ces mots, c'est pour défendre un homme dont la tête vient de tomber dans le panier du « rasoir national ». Cet homme est resté dans l'histoire, non pas pour ses crimes, qui étaient d'une grande banalité, mais pour avoir été la preuve que la justice, lorsqu'elle faisait exécuter ses sentences, pouvait être aussi monstrueuse que le criminel qu'elle avait condamné.

Vers 1845, Claude Montcharmont, petit homme trapu mais puissant, s'était installé maréchal-ferrant à Saint-Prix, un village de Saône-et-Loire. Il y vivait avec femme et enfants. Son temps libre, il le passait à chasser. Une occupation dont l'attrait ne fit que grandir en lui, à tel point qu'il en délaissa peu à peu sa famille et son atelier, s'autorisant à chasser hors des périodes légales, et surtout sur des terres privées. Il fut plusieurs fois arrêté par la gendarmerie, et condamné pour délits de chasse. Mais le désir était plus fort que la peine, et Claude Montcharmont, après 1849, abandonna son métier et sa famille pour se réfugier dans les bois et se consacrer entièrement à sa passion. Les plaintes s'accumulaient contre lui, il était recherché. Le 7 novembre 1850, il se fit repérer par deux gendarmes qui se mirent à le poursuivre. Ils allaient l'atteindre quand Montcharmont s'écria : « N'approchez pas ou je vous tue ! » Il avait son fusil armé, déjà pointé sur le gendarme Brunet, lequel se précipita sur Montcharmont, qui fit feu et le toucha à la gorge. Aussitôt, le braconnier se retourna sur le second gendarme, Emery ; il tira, puis s'enfuit dans la forêt. Si Brunet n'était que grièvement blessé, Emery avait été tué.

Deux jours plus tard, en fin de journée, alors que le garde champêtre de Saint-Prix coupait du pain pour ses enfants, la porte de sa maison s'ouvrit. Apparut Montcharmont avec son fusil, qui fit feu sur lui avant de détaler. L'homme s'écroula, sans vie. Le braconnier s'en était donc pris à trois hommes de loi qui entravaient ses rêves. Pendant plusieurs semaines, il réussit à se soustraire à la justice. Finalement arrêté, il avoua ses crimes. Le 23 mars 1851 commençait son procès à la cour d'assises de Chalon-sur-Saône. Montcharmont avait alors vingt-neuf ans. Les débats furent rapides et le verdict tomba : la peine de mort.

Les quarante jours qui s'écoulèrent entre sa condamnation et son exécution furent quarante jours d'agonie. Montcharmont ne pouvait ôter de ses pensées cette image de la guillotine, celle du couteau, celle de la planche sur laquelle il serait installé ; les cauchemars perturbaient ses rares moments de sommeil. Le temps où il ne pleurait pas, il l'occupait à écrire à ses amis, les priait d'intercéder en sa faveur pour obtenir une grâce. Le président Louis-Napoléon Bonaparte la lui refusa.

L'exécution fut programmée au 10 mai, et devait avoir lieu sur la place Ronde de Chalon. Ce fut l'aumônier qui, à 5 heures et quart du matin, le prévint de l'imminence de sa mort. Montcharmont se mit à se tordre sur sa couche, cria, refusa de se lever. Après maintes paroles du religieux, il accepta de se confesser, mais demanda un deuxième prêtre pour l'assister, ce qui lui fut accordé. Enfin, les exécuteurs apparurent sur le pas de la porte. À leur vue, Montcharmont sauta du lit et tenta de se barricader, en cherchant à les rejeter hors de la cellule ; puis, ne pouvant y parvenir, il s'arc-bouta, roula par terre, refusa de s'habiller. Il pleurait en hurlant. Il criait si fort que le vacarme fut perçu hors de la prison. Finalement, et après de très longs efforts, les exécuteurs parvinrent à lui faire enfiler un pantalon et une chemise, et à lui lier les mains et les pieds.

Lorsque Montcharmont, sorti dans la cour, vit la charrette qui allait le conduire à son supplice, il se défendit encore. Hissé de force, il fut maintenu vigoureusement jusqu'au pied de l'échafaud, devant la prison. En bas de l'estrade, Montcharmont parvint à bloquer ses pieds entre les marches de bois et, grâce à ses larges épaules, à se tenir debout avec une vigueur exceptionnelle. Alors commença la lutte entre les deux exécuteurs et le condamné, qui, tout en résistant aux hommes de loi, embrassait à pleine bouche le crucifix que l'aumônier lui tendait en l'exhortant à accepter son sort. Pendant cinquante-cinq minutes, Montcharmont se débattit comme un enragé, devant une foule de témoins médusés par ce combat où tous les coups furent permis pour le contraindre à s'allonger sur la planche. Il fut empoigné au cou, aux jambes, on lui tira les cheveux, on lui enfonça des poings dans la chair en lui déchirant la peau, pour l'obliger à capituler devant la mort que la société lui imposait. En définitive, couverts de sueur, haletants et épuisés, les deux exécuteurs, par ordre du juge qui avait été prévenu, reconduisirent le condamné à la prison : l'exécution serait pour plus tard. Montcharmont tint à faire le trajet du retour à pied, en criant : « Hé mon Dieu, faites donc moi mourir de la façon dont j'ai tué. »

Dans la maison d'arrêt, il ne voulut pas se nourrir, hurlait encore, pleurait toujours. À 16 h 30, l'exécuteur de Dijon vint le chercher. Cette fois, Montcharmont fut ligoté de telle façon qu'il ne put remuer un seul membre. Alors que la sécurité avait doublé autour de la guillotine et que deux compagnies de la 65e de ligne et la gendarmerie à cheval faisaient reculer les spectateurs de la place, qui depuis le matin attendaient de voir le sang couler, Montcharmont fut porté à mains d'hommes jusqu'à la charrette puis sur les marches de l'échafaud, avant d'être placé, de force, sur la planche. Juste avant, il avait crié encore à la foule : « Amis, priez Dieu de me faire grâce. »

Après le récit dans la presse de cette exécution si peu glorieuse pour la justice, plusieurs personnalités haussèrent la voix, soit pour interdire les exécutions publiques, soit pour supprimer, tout bonnement, la peine de mort. Charles Hugo et son père, Victor, par le biais de leur journal, *l'Événement*, s'y associèrent. Quatre jours après les faits, Charles Hugo publia un long papier pour motiver l'abolition de cette peine, dénonçant au passage le barbarisme de la justice de la IIe République. Car, pour lui, et pour bien d'autres de ses soutiens, si Montcharmont avait tué, la société l'avait incontestablement martyrisé. L'éditorialiste fut poursuivi pour cela et, malgré les protestations de son père, écopa de six mois de prison.

Jobard a tué une inconnue parce qu'il voulait être condamné

L'affaire insensée d'un criminel fou

Antoine Emmanuel Jobard

« Cette femme a succombé, dites-vous ?
Cela vaut mieux, cela vaut mieux,
puisque je voulais qu'on me fît mourir. »

Jobard lors du premier interrogatoire,
La Gazette des tribunaux, 25 mars 1852

Longtemps les aliénistes et hommes de science se sont demandé ce qui poussait des individus en apparence bien sous tous rapports à dérailler et à se constituer criminels, parfois malgré eux – ceux que l'on appelait les « criminels fous ». À l'inverse de certains tueurs en série, les criminels fous frappent sans prévenir sur des gens au hasard avant d'être appréhendés par la foule, un tiers ou la maréchaussée.

L'affaire qui nous intéresse dans les pages qui vont suivre concerne l'un d'eux. Le 25 mars 1852, comparaissait devant la cour d'assises de Lyon un homme de vingt ans, Antoine Emmanuel Jobard. Il était accusé d'avoir poignardé le 15 septembre 1851, au grand théâtre des Célestins, une jeune femme. Son forfait accompli, il n'avait pas cherché à fuir. Il s'était laissé conduire à l'hôtel de ville pour y être interrogé et, au juge d'instruction Édouard Mercier qui le questionna, il avoua tout.

La victime se nommait Joséphine Anaïs Chabert. Elle avait vingt et un ans, et était la fille du proviseur du lycée de Limoges. Mariée depuis six mois à Jacques Louis Ricard, professeur de mathématiques spéciales dans le même établissement que son beau-père, elle était enceinte. Le couple arrivait de Paris et se rendait en Avignon, où les attendaient leurs familles, réunies pour un mariage. Le voyage était long. Ils avaient fait étape à Lyon, avaient pris une chambre à l'hôtel Beauguis, mangé légèrement, puis s'étaient rendus au théâtre où, ce soir-là, comme il était fréquent alors, se jouaient deux pièces : un vaudeville, *La Bourse et la Vie*, et un drame, *Adrienne Lecouvreur*. Ce fut au début du second acte de la seconde pièce, que Jobard, alors qu'il se trouvait à un rang derrière elle, avait levé le bras et l'avait frappée par-dessus l'épaule, lui plantant dans le sein gauche un couteau qu'il abandonna dans la blessure. La jeune femme eut la force d'ôter la lame de son corps, avant de succomber. La police interpella aussitôt le jeune homme, qui s'était mis debout pour être vu ; pour éviter tout incident elle transporta la victime hors de la salle jusqu'à l'hôtel où les Ricard demeuraient, mais elle n'interrompit pas le spectacle. Jobard, quant à lui, soutint qu'il n'avait jamais rencontré cette femme auparavant, qu'il n'avait jamais vu son visage, même avant de la tuer. Il n'avait repéré que sa robe de soie grise et n'avait attaché ses yeux sur elle que pour la frapper. Il était d'un très grand calme lorsqu'il évoqua ces faits. Puisqu'il avait avoué, il n'y avait plus d'enquête. Pour les besoins de la procédure, le magistrat l'invita toutefois à expliquer son geste.

Jobard lui déclara alors : « J'ai tué pour être tué ! » Cette phrase, il la répéta plusieurs fois lors de l'entretien. « Pour être tué en me ménageant le temps nécessaire pour ma rédemption », précisa-t-il. Puis il raconta sa vie. Il avait grandi à Dijon, chez les frères de la doctrine chrétienne. À seize ans, son père l'avait placé comme apprenti chez un commerçant de tissus. Une famille pieuse, les Thibaud. Le jeune Jobard respectait les rites religieux avec eux, mais en apparence seulement. « J'avais de funestes habitudes », autrement dit il se masturbait. Or la masturbation, depuis les premiers temps chrétiens, était regardée comme une pratique non seulement honteuse, mais dégradante, annonçant la lubricité prochaine de la créature, si elle n'y mettait pas fin. Plus tard, dans les collèges des oratoriens, les poches des culottes des garçons seraient cousues pour empêcher tout contact des mains avec le sexe. Le soir dans les dortoirs, ces mêmes mains devaient demeurer sur les draps du lit. Au XIXe siècle, ce désir qui naissait chez tous les adolescents et que tout adulte avait vécu, restait vigoureusement condamné par l'Église, certes, mais aussi par la science, qui y voyait le signe avant-coureur d'une pathologie sexuelle déviante. Et que dire des avertissements dans les demeures privées : c'était sale, cela rendait sourd et aveugle, il ne fallait pas y recourir ! Antoine Emmanuel Jobard y crut certainement. Ses désirs sexuels, il les assouvit parfois au bordel. Mais cela coûtait de l'argent et il gagnait peu. Le déchirement entre son désir de satisfaire ses pulsions et celui de respecter la morale que l'Église et le reste de la société imposaient fut si grand chez lui qu'il songea à mourir. Mais le suicide, ce n'est pas chrétien. Explorant davantage la possibilité de sortir de cette honte qui le taraudait, il résolut de se faire condamner à mort, convaincu qu'il se repentirait alors des fautes qui mettaient en danger le salut de son âme.

Il avait pensé d'abord tuer un prêtre, au moment le plus sacré de la messe, après que celui-ci a bu et mangé le corps du Christ. Mais il y avait renoncé : toujours le souci du salut de son âme. Il avait médité encore l'assassinat d'une prostituée, qu'il aurait frappée au sein. Puis il envisagea de s'engager dans l'armée. Un simple acte de violence envers un supérieur lui assurerait une condamnation capitale.

Il envisagea même de tirer sur le président de la République, Louis-Napoléon Bonaparte, lors de son voyage à Dijon, mais la mort de ce dernier mettrait son pays en péril, et il ne voulait pas en être responsable. Il abandonna donc l'idée. Et puis, une semaine avant les faits, la conviction que le passage à l'acte était devenu nécessaire l'envahit. Il fallait agir. Le dimanche soir 14 septembre 1851, il chercha à se procurer un couteau. Il n'en trouva pas. Il partit pour la gare, songeant à accomplir son meurtre à Paris. Mais le premier train pour la capitale n'était qu'à 7 heures. Un autre pour Lyon partait à 3 heures. Il le prit. Il arriva dans la ville vers midi, déjeuna, puis se procura une arme chez un coutelier. Finalement, il avait choisi de tuer une prostituée. Il visita un bordel, jeta son dévolu sur une dénommée Rachel. Mais il était encore trop tôt, trop de monde allait et venait dans le lieu, qui aurait pu l'empêcher d'accomplir son forfait. Il reviendrait plus tard, dans la nuit. En attendant, il irait au théâtre. À une terrasse de café, il but une bouteille d'orgeat. Au moment de payer, il s'aperçut qu'il avait perdu de l'argent. Il ne pouvait plus payer et le théâtre et la tenancière de la maison close. Il choisit le théâtre. Là, il y trouverait sa victime. À la fin de la première pièce, il se dirigea vers le foyer et partit en chasse. Il y remarqua une fillette de dix ans, mais elle était trop entourée. Lorsque la seconde pièce commença, il s'installa près d'une adolescente qui pouvait bien avoir entre douze et quinze ans, sauf qu'elle n'était pas assez près de sa main. Alors il changea de place et s'installa dans l'amphithéâtre, derrière une femme. Il mesura son coup, sortit le couteau de sa poche, mais un gardien l'observait. Jobard fit mine de se nettoyer les ongles avec la lame de son couteau, en lui souriant ; l'homme s'en alla. Ce fut après son départ qu'il frappa.

Incarcéré dans l'attente de son procès, il fut visité par plusieurs médecins et aliénistes qui reconnurent en lui un jeune homme égaré par de violentes pulsions, proche de la démence. Son procès fut rapidement expédié, en deux audiences seulement. Le Dr Tavernier assura que son crime avait été commis soit par des « habitudes monstrueuses » qui lui avaient déréglé l'esprit, soit par une folie héréditaire, son aïeul paternel et sept autres membres de sa famille ayant séjourné dans des asiles d'aliénés, dont certains y étaient entrés à l'âge de l'accusé.

Ce diagnostic permit à l'avocat d'Antoine Emmanuel Jobard, Me Philippe Dubost, et contre l'avis de son client, de lui sauver la vie puisqu'il fut condamné aux travaux forcés à perpétuité. Le drame qu'Antoine Emmanuel Jobard s'était inventé ne se réalisa qu'à moitié. Quant à son temps de rédemption, il dut le trouver suffisant, puisqu'un beau jour de septembre 1867 il se fit la belle du bagne de Cayenne !

Liberté Egalité
— Justice —
Victimes de la
République Bourgeoise
1882
Troubles de Montceau les mines 1882
Condamnés libérés le 14 Juillet 1884

La Bourgogne en proie à l'effroi

La Bande noire

« La "bande noire" c'est la "bande de la misère", le drapeau noir que nous avons arboré c'est le drapeau de la faim, de la grève, de la lutte à outrance sur le terrain de la révolution sociale, de l'anéantissement du capital, du patronat, de l'exploitation de l'homme par l'homme. »

Extrait du manifeste envoyé par les anarchistes
de Montceau-les-Mines à *L'Étendard révolutionnaire*,
et reproduit dans *Le Français*, 4 septembre 1882

Au cours de l'histoire, de nombreuses périodes politiques troublées ont pu être désignées comme des époques d'anarchie. En Europe, au tournant des XIXe et XXe siècles, ce courant prend de l'ampleur et fait parler de lui quand certaines organisations anarchistes tuent au nom de leur idéal ceux qu'elles considèrent être des puissants ou des serviteurs de l'État.

Le groupe terroriste qui nous intéresse dans ce chapitre naît dans la région bourguignonne, à Montceau-les-Mines, et aura pour champ d'action la campagne et les communes avoisinantes. La Bande noire, car tel est son nom, répandra l'angoisse et la désolation de 1882 à 1885.

Dès les années 1880, la gendarmerie de Saône-et-Loire s'interrogeait sur l'existence d'une société secrète formée autour du bassin minier du département et se nommant « la Marianne » ou « la Bande noire ». Les membres de ce groupe cotisaient et donnaient de leur personne ; l'information était transmise via des réseaux internes et dans des réunions secrètes permettant le recrutement de nouvelles têtes. Le groupuscule était né des suites d'un mouvement de grève des mineurs du bassin de Montceau-les-Mines en 1878. La cessation du travail, provoquée par le rejet de la politique paternaliste de Léonce Chagot, propriétaire du site, avait été accompagnée d'actes de violence contre les biens et les personnes, au point que le préfet avait dû faire appel aux troupes pour ramener l'ordre. À l'embrasement s'étaient jointes des revendications plus politiques refusées par les républicains modérés. Les membres de l'association anarchiste étaient en effet clairement anticléricaux.

Rejetés de toute part, ils s'étaient résolus à la clandestinité, d'autant plus que la législation ne les encourageait pas à exprimer leurs opinions au grand jour. La loi Le Chapelier, votée aux premières heures de la Révolution française, était toujours en vigueur : elle interdisait toute constitution d'associations ouvrières.

Le leader de la Bande noire se nommait Jean-Baptiste Dumay. Il venait du Creusot. Dès son arrivée à Montceau-les-Mines en 1880, il relança l'agitation sociale avec la volonté de former dans tout le département des chambres syndicales. Pour soutenir son projet il imprima un journal, *La Tenaille*.

Néanmoins, la situation d'alors ne permettait pas de faire la révolution souhaitée dans le département. Certains membres du groupuscule anarchiste choisirent d'organiser des expéditions punitives contre ceux qui les mettaient en danger. Le curé de Montceau-les-Mines, l'abbé Gauthier, était de ces opposants. Il transmettait à Chagot les noms de ceux qui étaient susceptibles de faire partie de ces rassemblements clandestins. Il reçut de nombreuses menaces de mort. En parallèle, la Bande noire lança des attaques à visée anticléricale. Divers objets liturgiques furent dérobés et détruits sans autre forme de procès. Ces actes blasphématoires et cette violence exercée contre les religieux révulsèrent l'opinion publique et les croyants de tout le pays.

À la veille du 15 août 1882, fête de la Vierge Marie, la Bande noire décida de frapper un grand coup. Vers 22 heures, près de deux cents personnes se réunirent devant la chapelle du lieu-dit Le Champ-du-Moulin et tentèrent de dynamiter l'édifice qu'ils avaient préalablement pillé. Ils investirent ensuite les villages voisins en criant dans les rues « Vive la révolution sociale » dans l'espoir de provoquer quelques soulèvements, mais ils ne furent suivis par personne. L'échec était cuisant, ils se dispersèrent.

Dès le lendemain, les autorités arrêtaient plusieurs membres de la bande. Leur procès programmé en octobre se déroula finalement en décembre 1882, en raison de l'attentat à l'Assommoir à Lyon et de l'important mouvement de répression mené contre les offensives anarchistes en France. Si plusieurs d'entre eux furent condamnés à la prison, Antoine Borrot, ami de Dumay, fut acquitté. Il regagna Montceau-les-Mines et avec son ami relança la constitution et le développement des chambres syndicales de la Fédération ouvrière de Saône-et-Loire. Pour obtenir une légitimité,Borrot se présenta aussi aux élections de 1884, mais fut battu. Dans le même temps, Dumay gagnait Paris.

La modération que ce dernier avait plus ou moins maintenue depuis son arrivée incita les autres, sous la conduite de Borrot, à engager le mouvement dans une action plus radicale. La Bande noire déclara la guerre sociale contre les bourgeois et les traîtres qui les soutenaient. Durant plusieurs nuits de l'année 1883, ils rendirent régulièrement visite aux « mouches », c'est-à-dire aux mouchards qui les mettaient en danger ; pour les décourager, ils faisaient exploser une partie de leur maison. Leurs victimes furent principalement les contremaîtres et les ingénieurs de la mine, comme Chevalier ou Michalouski, qui vit sa maison dynamitée trois fois entre le 12 mai et le 3 août 1884. Cependant, durant les deux années où ils firent « peur aux bourgeois », les membres de la Bande noire n'en tuèrent aucun. Les dégâts étaient matériels, même si l'effondrement d'un plafond ou les débris d'une vitre pouvaient présenter des risques. D'autres chapelles furent détruites ainsi que les croix aux carrefours des chemins ou à l'entrée des villages – des actions que les membres de la Bande noire estimaient importantes et, croyaient-ils, propres à les faire entrer dans la grande histoire de la lutte des classes.

L'aventure se termina le 7 novembre 1884, lorsqu'un dénommé Gueslaff, qui s'apprêtait à faire sauter une maison, tomba dans le piège que lui avait tendu un certain Brenin, informateur recruté par le commissaire Thévenin de Montceau-les-Mines. Se sentant trahi, Gueslaff dénonça ses acolytes. Ce deuxième coup de filet aboutit à l'arrestation, au jugement et à la condamnation d'une trentaine de membres de la Bande noire. Ils avaient tous entre dix-sept et vingt-cinq ans. Le procès se déroula à Chalon-sur-Saône, du 26 au 31 mai 1885. Vingt-deux d'entre eux furent acquittés. Les dix autres furent condamnés à des peines allant de deux à vingt ans de travaux forcés.

Aucune condamnation à mort ne fut prononcée. Aucun défunt à pleurer donc, mais les habitants de la région restèrent longtemps durement touchés et traumatisés par la centaine d'attentats à la bombe attribués à la Bande noire.

Si le procès de ces anarchistes passa presque inaperçu en raison des préparatifs des obsèques que la République organisait pour célébrer Victor Hugo, le mouvement de la Bande noire, quoique amputé de ses éléments les plus militants, ne rendit pas les armes. Au début de l'année 1885, il fit sauter le presbytère de Sanvignes et la grande tuilerie de Montchanin. En outre, la pression contre les mouchards s'était poursuivie et d'autres figures apparurent pour réorganiser le mouvement, afin cette fois de rassembler tous les anarchistes de la région en une fédération. Leur première réunion eut lieu le 1er février 1885 à Torcy. Leur combat ne fut interrompu que par la Première Guerre mondiale, et s'éteignit avec le début de la Seconde.

PARTIE 3

Bretagne et Pays de la Loire

LES AFFAIRES CRIMINELLES DE LA RÉGION

1440
De maréchal à ogre sanguinaire
Gilles de Rais

1852
Quand la mort s'abat sur la campagne bretonne
Hélène Jégado

1894
Un prêtre pris dans les méandres du vice
L'abbé Bruneau

1933
Un acharnement meurtrier
Les sœurs Papin

1938
Les crimes d'un bravache assassin
Maurice Pilorge

PENDANT CE TEMPS-LÀ EN FRANCE

1440

EN JUILLET, et après cinq mois de lutte, la Praguerie, guerre féodale menée par le futur Louis XI contre les réformes militaires de son père, Charles VII, prend fin. Le souverain en sort vainqueur. Naît alors en France le premier embryon d'une armée de métier.

1852

LE 2 DÉCEMBRE, Louis-Napoléon Bonaparte, déjà président à vie depuis un an, proclame la fin de la IIe République et la naissance du Second Empire : il se déclare nouvel empereur des Français et prend le nom de Napoléon III.

1894

LE 24 JUIN, le président de la République Sadi Carnot est assassiné par un anarchiste italien, Sante Geronimo Caserio.

1933

LE 22 JUILLET est créée la Loterie nationale pour financer les pensions des invalides de guerre et des anciens combattants, mais aussi pour soutenir la Caisse de solidarité contre les calamités agricoles.

1938

LES 29 ET 30 SEPTEMBRE, la France, représentée par Édouard Daladier, président du Conseil, signe avec le Royaume-Uni, l'Italie de Mussolini et l'Allemagne de Hitler les accords de Munich, abandonnant à ce dernier les Sudètes, croyant ainsi éviter la guerre. Elle éclate pourtant un an plus tard, le 3 septembre, lorsque Hitler envahit la Pologne.

De maréchal à ogre sanguinaire

Gilles de Rais

« Au cours d'un interrogatoire [...], le haut magistrat séculier qu'est Pierre de L'Hôpital demande à Gilles en insistant "pour quels motifs, à quelles intentions, à quelles fins" il a fait mourir ses victimes. Celui-ci venait justement de préciser qu'il a commis ses crimes "suivant son imagination, sans le conseil de personne et selon son propre sens, seulement pour son plaisir et sa délectation charnelle". »

Extrait du *Procès de Gilles de Rais*,
Georges Bataille, 1977

Ce titre pourrait être celui d'un récit narrant les aventures d'un personnage de fiction, mais hélas celui qui fut maréchal du royaume de France puis tueur en série a réellement existé. Voici le parcours du sémillant et satanique Gilles de Rais, qui assassina de sang-froid des centaines d'enfants durant près d'une décennie.

Gilles de Rais naquit vers 1404, sous le règne de Charles VI, en pleine guerre de Cent Ans, dans une famille noble et fortunée. Par sa naissance, il était promis à une grande carrière militaire. Celle-ci débuta dès qu'il eut acquis l'âge légal pour fréquenter les champs de bataille, soit celui de quinze ans. Durant plus de douze ans, il fut de tous les combats aux côtés de celui qui allait devenir Charles VII. Il guerroya également avec Jeanne d'Arc pour libérer Orléans. Il s'avéra être un audacieux homme de guerre et un adversaire redoutable, damant le pion aux troupes bourguignonnes et anglaises. En 1429, alors que Charles VII était enfin sacré à Reims, Gilles de Rais fut fait maréchal de France.

En 1432, son grand-père maternel et tuteur, Jean de Craon, mourut, le laissant à la tête d'une immense fortune. Délaissant la politique et la guerre, il vécut dès lors entre ses résidences de Champtocé, Tiffauges et Machecoul. Là, il s'entoura d'une suite nombreuse, organisa des fêtes, se passionna pour la musique et le théâtre. L'héritage fondit rapidement. Il aliéna ses terres et domaines, à tel point que sa famille s'en inquiéta et fit appel à Charles VII pour qu'il fasse cesser cette dilapidation. Les dettes, cependant, continuaient de s'accumuler.

Aussi, en 1440, Gilles de Rais reprit-il à son frère la terre de Saint-Étienne-de-Mer-Morte, qu'il lui avait cédée en 1434, molestant au passage le clerc Jean de Ferron avant de se saisir également de ses biens. Dès lors, ce ne furent plus seulement sa famille et le pouvoir royal qui eurent maille à partir avec lui, mais également l'Église.

Arrêté le 15 septembre 1440 en son château de Machecoul et incarcéré au château de Nantes, Gilles de Rais fut accusé de rébellion, de pacte avec le Diable et d'actes contre nature. Ces accusations étaient très ordinaires pour un tribunal ecclésiastique, qui mêlait toujours les réalités temporelles à l'imaginaire spirituel. Pendant les six semaines que dura le procès, du 19 septembre au 25 octobre 1440, Gilles de Rais dut se défendre d'accusations de sorcellerie et de pratiques alchimistes ; on l'attaqua sur sa vie dissolue, faite de luxe et de vanité ; enfin, et surtout, il fut accusé de sodomie et de crimes sur enfants.

Gilles de Rais garda le silence, mais ceux de son entourage accusés d'être les complices de ses orgies sexuelles et sanguinaires firent des dépositions qui ne peuvent guère laisser de doutes sur la véracité de certains faits au regard des détails et des descriptions qu'aucun procès en hérésie n'avait encore évoqués jusque-là et qui ne le furent plus jamais ensuite.

La victime désignée était le plus souvent un garçon prépubère. Introduit dans la chambre du maître et maintenu par ses ravisseurs, il était dénudé par Gilles de Rais, qui se frottait alors contre son ventre – la sodomie n'étant pas régulière – ; ce dernier, après avoir joui, égorgeait l'enfant ou le faisait tuer par ses gens. Avant cela, l'enfant était étranglé, soit par la main du maître, soit par une corde que les serviteurs lui mettaient autour du cou pour le suspendre à une potence ou un crochet. Les cris étaient ainsi étouffés. Ce n'était que lorsque le râle devenait moins puissant que l'on dénouait les liens de l'enfant. Alors le rituel se poursuivait. Le plus souvent, Gilles de Rais cherchait à ce que son éjaculation coïncide pile avec la mort de sa victime. Il lui arrivait d'ordonner la décapitation avant toute action, et alors l'acte sexuel durait tant qu'il restait un peu de chaleur dans le corps martyrisé. De Rais variait ses plaisirs au moyen de différents tourments avant de donner la mort : la tête pouvait être coupée avec des poignards, des dagues, ou frappée à coups de bâton ou de pierre. Mort, l'enfant pouvait être embaumé. Les plus belles têtes et les plus beaux membres de ses victimes étaient conservés. Gilles de Rais faisait aussi ouvrir les corps et se délectait à la vue des organes internes.

Lors de son procès, hautain, il insulta ses juges, refusa de répondre aux questions qu'on lui posait. Mais, lors de sa confession « hors jugement » du 21 octobre 1440, il affirma n'avoir agi que pour son plaisir et sa délectation charnelle.

Il fut condamné à mort le 25 octobre et exécuté le lendemain. Le contexte de cette exécution laisse planer un doute sur la réalité des crimes qui lui ont été imputés – non pas qu'il n'eût pu être capable de tels agissements, mais il eut droit avant de mourir à des faveurs difficilement envisageables s'il avait réellement été coupable de tout ce qui lui était reproché. Il put ainsi assister à une messe (alors qu'il avait été excommunié), une procession avec présence de l'évêque l'accompagna à l'endroit de son supplice, et s'il fut pendu et non décapité comme son rang le lui permettait, son corps ne fut pas brûlé. Il fut au contraire et selon ses souhaits inhumé en l'église du monastère des Carmes, lieu de sépulture des hommes les plus célèbres de Bretagne.

Un monument expiatoire fut dressé sur l'emplacement de son exécution. Dès lors, le nom de Gilles de Rais passa à la postérité, aidé en cela par la tradition locale et la littérature : on affirma ainsi longtemps qu'il avait inspiré Charles Perrault pour son conte *Barbe-Bleue*.

HÉLÈNE JEGADO MIXING POISON WITH HER VICTIMS' FOOD.

(From a Contemporary Print.)

Quand la mort s'abat sur la campagne bretonne

Hélène Jégado

« Dès que le bruit de son arrestation et la cause des poursuites dirigées contre elle parvinrent dans le département du Morbihan, on s'émut de toutes parts au souvenir de décès, si nombreux, qui avaient pour ainsi dire marqué son passage dans chacune des maisons où elle avait séjourné. »

Extrait de l'arrêt de la cour d'assises d'Ille-et-Vilaine : *Affaire Hélène Jégado, accusée de nombreux empoisonnements*, Rennes, 1851

C'est l'histoire sombre et machiavélique de celle qui, pensant être l'incarnation de l'Ankou (la personnification squelettique de la mort dans le folklore breton), va abattre sa faux à plusieurs reprises durant plus de dix-huit années dans la première moitié du XIXe siècle. Voici la carrière mortifère de l'empoisonneuse Hélène Jégado, sans doute la première femme tueuse en série connue.

Pendant toutes ces années, sous deux régimes politiques différents, la monarchie de Louis-Philippe et la Seconde République, elle exécute sans mobile apparent des hommes, des femmes, des enfants ; elle ne se soucie jamais de leur âge ni de leur situation ; elle tue et s'en va, jusqu'à un certain jour de juillet 1851 où elle est finalement arrêtée.

Elle était née dans le petit village de Plouhinec, en Bretagne. De son père nous ne savons rien ; de sa mère non plus, sinon qu'elle décéda lorsque sa fille avait sept ans. Hélène fut alors recueillie par le curé de Bubry. L'homme la nourrit, la logea, s'occupa de son éducation religieuse, car Hélène était pieuse et le fut toute sa vie, mais délaissa le reste. Elle commença à gagner sa vie dès l'âge de quinze ans, comme servante d'un autre curé, l'abbé Séglien, à Conan. Une orpheline sans éducation ni fortune dans une province qui avait échappé à la première révolution industrielle n'avait pour survivre, hormis le mariage, d'autres choix que la religion, la prostitution ou la domesticité. Hélène ne s'en plaignit jamais, elle était courageuse et travailleuse, elle ne rechignait à aucune tâche. Ces qualités lui furent reconnues par tous ses employeurs. Mais son caractère s'était aussi affirmé. Déjà taciturne, elle devint plus autoritaire, plus agressive aussi, aux dires de ceux qui la fréquentaient parfois. Quand elle eut vingt ans, Hélène tomba amoureuse d'un menuisier. Mais l'idylle fut de courte durée. Le jeune homme perdit la vie en se faisant écraser par une charrue. Hélène n'eut plus le goût de rester au village. Le père Séglien le comprit, il lui trouva une place chez un de ses confrères, à Guern : l'abbé Le Drogo. L'homme était jeune et il vivait au presbytère entouré de ses parents, d'une petite-nièce et de deux cousines. Entre le 28 juin et le 7 octobre 1833, toutes les personnes qui, chaque jour, prenaient place autour de la table pour se nourrir de la cuisine d'Hélène, décédèrent les unes après les autres dans d'atroces souffrances. Seul l'abbé échappa à cette hécatombe. Enfin pour un temps car, le 5 décembre, celui qui n'avait jamais été malade de sa vie s'écroulait, bientôt mort. Le choléra sévissait dans la région, personne ne se posa de questions. On ne s'en posa pas davantage lorsque la sœur d'Hélène, Anna, vint la voir pour la consoler et qu'elle décéda elle aussi, à peine arrivée.

Sans patron, Hélène retourna à Conan, où le nouveau curé, l'abbé Lorho, qui avait été le patron d'Anna, se trouvait désormais sans domestique. Il lui proposa de travailler pour lui. Une partie de sa famille vivait avec lui : une sœur, une nièce, et la tante d'Hélène, qui avait été sa tutrice. En quatre mois, les trois femmes décédèrent les unes après les autres. Le choléra, encore ? On le crut. Reste que si l'on n'imaginait pas qu'Hélène puisse tuer, certains commençaient à croire qu'elle portait peut-être malheur. Indésirable, elle s'installa non loin, à Locminé. Là, elle fut employée dans plusieurs maisons. À son départ, le cimetière s'était enrichi de sept nouveaux cercueils. Oui, qu'elle parte ! La Jégado avait la mort sur elle ! Mais des soupçons ? Aucun.

Hélène avait déjà tué seize personnes. Eut-elle des remords ? Elle fit en tout cas une retraite au couvent du Père-Éternel, à Auray. Mais dès qu'elle entra dans l'établissement, le Diable y pénétra avec elle. Outre les livres déchirés, les aubes lacérées, les murs se chargèrent d'inscriptions obscènes. Les religieuses firent neuvaine, aspergèrent d'eau bénite tout le couvent, sans résultat, jusqu'au jour où Hélène fut surprise par la mère supérieure : elle emplissait l'harmonium d'eau souillée. Elle fut priée de partir. Mais les religieuses ne dirent rien avant le procès.

Inconnue à Auray, Hélène trouva du travail sans difficulté. Mme Lecorvec ne tarissait pas d'éloges sur son employée et vantait à tous sa soupe aux herbes. Un soir, elle décéda. Le médecin trouva étrange la peau violacée du cadavre, mais donna le permis d'inhumer, cette femme était si âgée. Anne Le Fur prit ensuite Hélène dans sa demeure, voulut goûter à sa soupe. Mais à la première cuillerée elle trouva le breuvage aigre, et le repoussa. Hélène se mit en colère. Mme Le Fur la congédia sur-le-champ. Elle sauva sa vie. Puis Hélène entra chez Mme Hétel. Celle-ci connaissait le curé de Locminé. Elle le reçut. Il reconnut Hélène, lui parla de tous ces morts. Mme Hétel donna son congé à Hélène. Elle partirait le lendemain. Dans la nuit, Mme Hétel décédait après avoir bu une tisane. La servante se rendit ensuite à

Pontivy, s'installa chez les Jouano, jusqu'au jour où leur fils Paul, quatorze ans, passa de vie à trépas en quelques heures. Le médecin ordonna une autopsie. La police fut avertie. Pour la première fois Hélène put se sentir en danger. Elle affirma ne lui avoir donné que du pain tartiné de beurre avant que les douleurs l'emportent. Et puis Paul n'avait-il pas l'habitude de boire constamment du vinaigre ? Les brûlures du tube digestif, c'était évidemment ça !

Reste qu'Hélène dut se trouver une nouvelle maison. Elle alla plus loin, à Hennebont, et y enterra M. Kerallic. À Lorient, ce fut une fillette de vingt-six mois. Puis elle posa son baluchon à Vannes. Là, elle ne tua pas, mais vola de l'argent chez une commerçante, Mme Moguero, du linge chez les Gauthier, ainsi que chez les veuves Carrière et Charlet, et, chez tous, du vin. Car Hélène buvait de plus en plus. Elle en avait toujours consommé – l'eau n'était pas saine –, mais les quantités qu'elle absorbait à présent n'étaient plus celles de la raison. En 1849, elle arriva à Rennes. Entrée chez les Rabot le 6 novembre, le fils de la maison décédait le 29. Hélène ne fut pas inquiétée. Mais elle dut quitter la maison à cause de son penchant pour la boisson. À l'auberge du Bout du Monde, elle travailla avec une autre employée, Perrotte Macé, qui connaissait sa réputation et s'en méfia. Perrotte entretenait une relation avec le cocher de l'établissement. Hélène, dont la vie affective était un désert, malgré les rumeurs faisant d'elle une fille à soldats, en tomba aussi amoureuse. Perrotte était de trop. Elle décéda le 29 août 1850. Peu après, c'était au tour de la mère du patron, Mme Roussel, de souffrir d'atroces maux de ventre. Elle fut épargnée en allant se soigner loin de l'auberge.

Hélène trouva son dernier emploi chez un professeur de droit de l'université de Rennes, M. Bidard de la Noë. Là, Hélène fut sous les ordres d'une gouvernante, Rose Tessier, qui rendit l'âme le 7 novembre 1850. Elle fut remplacée par une jeune fille pleine de santé, Françoise Hurlaux, qui rapidement dut s'aliter. Ses parents vinrent la chercher. Ils lui sauvèrent la vie. Hélène affirma à son patron qu'elle pouvait gérer seule la maison, mais celui-ci était soucieux de son standing et voulait deux servantes. Il lui laissa, toutefois, la liberté de choisir la prochaine. Hélène appela Rosalie Sarrazin, qu'elle avait connue à l'auberge. Leur entente fut parfaite jusqu'au jour où le professeur confia à Rosalie les comptes de la maison. Hélène protesta. Les deux femmes se disputèrent. Le professeur donna raison à Rosalie, ordonna à Hélène de quitter la maison à la fin du mois. Rosalie tomba aussitôt malade. Hélène la soigna, avec deux médecins, les Drs Pinault et Baudouin. Rosalie décéda le 1er juillet 1851. Convaincus d'un empoisonnement, les médecins portèrent plainte. Le 2, la gendarmerie perquisitionnait la maison du professeur. Ils trouvèrent dans les affaires d'Hélène les biens déclarés volés par ses anciens employeurs. Ils l'arrêtèrent.

À rebours, les enquêteurs firent le périple mortifère de la servante, remontant jusqu'en 1841. Les autres décès tombaient sous la loi d'amnistie. Le procès s'ouvrit le 6 décembre 1851, dans le contexte tendu du coup d'État de Louis-Napoléon Bonaparte, qui depuis le 2 s'était autoproclamé empereur des Français sous le nom de Napoléon III. Finalement, l'acte d'accusation ne porta que sur les cinq derniers meurtres et sur les vols déclarés. Les survivants témoignèrent. Hélène nia tout, avec une folle maladresse, dans un français ponctué de mots bretons qui rendait son discours parfois incompréhensible à ces gens de la ville. Reste que personne n'avait trouvé sur elle de poison ; personne ne l'avait vue en donner à ses victimes ; et quel aurait été son mobile ? Mais la conviction l'emporta, et Hélène Jégado fut condamnée à mort et guillotinée le 25 février 1852.

Elle est considérée de nos jours comme l'une des criminelles les plus prolifiques du monde, avec peut-être au moins cent crimes à son actif. Elle est un personnage fascinant, et le romancier Jean Teulé en racontera d'ailleurs l'histoire dans son livre *Fleur de tonnerre*, qui sera adapté au cinéma.

Cinquième année. — N° 195. Huit pages : CINQ centimes. Dimanche 9 Septembre 1894.

LE PROGRÈS ILLUSTRÉ

On s'abonne sans-frais dans tous les bureaux de poste.

Supplément littéraire du « PROGRÈS DE LYON »

Les manuscrits non insérés ne sont pas rendus.

ABONNEMENTS

	SIX MOIS	UN AN
Lyon, Rhône et limitrophes.......	2f »	3f 50
Hors de ces départements.......	2f 50	4f 50

ADMINISTRATION ET RÉDACTION
10, Place de la Charité, 10
ADRESSER LES CORRESPONDANCES ET ABONNEMENTS
à M. Léon DELAROCHE, administrateur

L'ABBÉ BRUNEAU. — LE CRIME. — L'EXPIATION

Un prêtre pris dans les méandres du vice

L'abbé Bruneau

« La foule est épaisse dans toutes les rues ; on entend comme un bruit de mer lointaine [...] des cultivateurs venus de plusieurs lieues à la ronde [...] ont fait le trajet chaque nuit depuis plus de huit jours pour assister à l'exécution de Bruneau ; beaucoup de femmes aussi, plusieurs familles ont apporté des paniers pleins de provisions. »

La Chronique de Fougères,
1er septembre 1894

Sur les bords de la Mayenne, bien peu de choses semblent tourmenter la vie des habitants en cette fin de XIXe siècle. Pourtant, le 2 janvier 1894, l'abbé Fricot, curé d'Entrammes, petit village à quelques kilomètres de Laval, disparaît mystérieusement.

L'enquête de la police permit de retrouver finalement le corps de l'ecclésiastique au fond d'un puits asséché du presbytère, dissimulé sous un amas de bûches. L'homme avait été battu à mort. Le sang de son crâne fracturé avait souillé ses cheveux ; son visage avait été tailladé ; son nez, brisé. Les ecchymoses sur ses mains montraient qu'il avait cherché, au moins un temps, à se défendre. Plus difficilement explicables étaient les plaies sur ses bras et ses jambes – de toute évidence faites avec la même lame de couteau que celle utilisée pour lacérer le visage –, et cette peau écorchée sur toute la plante du pied droit, qui laissaient supposer un acharnement sur la victime.

Les enquêteurs orientèrent immédiatement leurs soupçons sur un autre homme d'Église, l'abbé Bruneau, dont la réputation était plus que scandaleuse aux yeux de ses paroissiens.

Déjà, au séminaire, Bruneau avait été, disait-on, accusé de vol. Nommé vicaire à Astillé, il y aurait mené assez vite grand train, dépensant beaucoup d'argent – bien plus que ce que lui rapportait sa cure – et plus encore après qu'il eut capté l'héritage d'une religieuse d'Évron : somme estimée à 16 000 francs-or. Par ailleurs, sa chasteté n'aurait été que de façade, puisqu'il avait été vu plusieurs fois, en vêtements civils, à Laval, entrer et sortir de maisons closes. Il aurait en outre déclaré plusieurs vols au presbytère, puis un début d'incendie, le tout pour escroquer les assurances. Enfin, il avait été mêlé à une sombre histoire de lettres, des missives passionnées dont il était le destinataire et écrites par plusieurs femmes qu'il aurait fait chanter. Bref, un homme à qui on n'aurait pas donné le bon Dieu sans confession.

Il était alors de tradition que les enquêteurs orientent leurs investigations vers les citoyens de « mauvaise réputation », surtout s'ils étaient proches de la victime. Les soupçons sur l'abbé Bruneau se matérialisèrent davantage encore lorsque, le 14 avril 1894, la sœur Louise Bouvier, directrice de l'école d'Entrammes, se présenta spontanément devant le juge d'instruction pour lui faire cette déclaration : le 3 janvier dernier, elle avait trouvé au presbytère l'abbé Bruneau. Celui-ci lui avait dit que le curé était dans le puits, alors que tout le monde le cherchait encore. Il avait insinué que le brave homme s'y était jeté ; reste qu'un catholique ne pouvait envisager le suicide, qui aurait traduit son manque de confiance en Dieu, son abandon de Dieu. Pour sauver l'honneur de son confrère, avait-il dit, il avait dissimulé son corps sous un tas de bûches qu'il avait trouvées dans la grange, afin que l'on crût à un crime. Le juge estima le témoignage suffisant pour procéder à l'arrestation de l'abbé Bruneau et entamer au plus vite son procès. Par ailleurs, une autre affaire restée non résolue refit surface à cette occasion : le meurtre d'une fleuriste, Mme Bourdais, le 15 juillet 1893, à Laval. Il fut prouvé que l'abbé Bruneau était présent le même jour, en tenue civile, dans ladite ville, dans le même quartier, précisément à l'heure du crime.

Le procès s'ouvrit le 9 juillet 1894, à la cour d'assises de Laval. La presse se passionna pour cette affaire de curé assassin, une de plus. Tout le monde avait encore en tête le curé Verger, qui avait assassiné Mgr Sibourg sous le Second Empire, le curé Mingrat, qui avait tué une de ses maîtresses, ou bien encore le séminariste Berthet, qui avait servi de modèle au Julien Sorel de Stendhal. L'affaire Bruneau ne fit que relancer le débat sur la place de l'Église en France. Fallait-il la conserver telle quelle ou pas ? *Le Figaro*, *Le Petit Parisien* et *Le Petit Journal* envoyèrent leurs reporters ; *La Lanterne* et *L'Intransigeant*, deux organes de la presse anticléricale, firent de même. Personne n'ignorait l'influence du clergé sur l'électorat de province, et notamment dans les campagnes. Personne n'ignorait non plus la soumission de ce même clergé à l'aristocratie locale qui le protégeait, même si parmi les membres de cette aristocratie se trouvaient des républicains modérés.

Quant à l'abbé Bruneau, il continuait à nier, et condamna avec autorité, pendant les quatre jours de son procès, les obscénités répandues sur son compte par le défilé des témoins à charge. Il dénonça les faiblesses de l'instruction, car en vérité où étaient les preuves de sa participation à ces deux meurtres ? Certes, il avait parfois trahi son habit pour le bordel, mais cela ne faisait pas de lui un assassin. Il ne fut pas cru. Il fut condamné à mort pour les meurtres du curé Fricot et de la veuve Bourdais. Son avocat, Me Dominique, envisagea la cassation ; le pourvoi fut rejeté le 9 août. L'abbé Bruneau serait exécuté le 28 du même mois, au matin. Mais l'exécution fut suspendue. Contrairement à la coutume, et ce malgré les demandes de son défenseur, le président Casimir-Perier n'avait pas accordé d'audience pour évoquer une grâce. Lorsque le président consentit finalement à l'entrevue, ce fut une pure formalité : la peine serait maintenue, et l'abbé Bruneau, exécuté. Le bourreau Diebler et sa machine arrivèrent le 29 à l'aube. Bruneau ne fit aucun aveu avant de mourir. Il avait rédigé une lettre où il se déclarait innocent des assassinats qui lui étaient imputés, reconnaissant toutefois sa mauvaise conduite et quelques vols. Dans la chapelle de la prison, il se confessa, puis entendit la messe. À 4 h 40, il entrait dans le cabinet de toilette, acceptait le verre de cognac que lui offrait le chef de cabinet du préfet. Dix minutes plus tard, la double porte de la prison s'ouvrait sur la guillotine qui avait été élevée devant. Les curieux s'étaient massés depuis longtemps pour profiter du spectacle, mais la haie de soldats à cheval les en priva. Il était 4 h 55, le 30 août 1894, lorsque la tête de l'abbé roula dans le panier. Il avait trente-trois ans.

Les analyses des annales judiciaires montreront que le procès a été bâclé et que l'innocence du présumé coupable aurait dû être reconnue.

VU
DANS CE NUMERO :
LES SŒURS PAPIN :
UN CRIME SANS MOTIF
par Louis MARTIN-CHAUFFIER
4 OCTOBRE 1933
PRIX : 2 FRANCS
6e ANNÉE. — N° 290
PARAIT LE MERCREDI
Directeur : LUCIEN VOGEL
PHOTO N.Y.T.

Un acharnement meurtrier

Les sœurs Papin

*« Christine et Léa [Papin]
ces deux criminelles échevelées au regard
comme à jamais fixé sur l'horrible image
déjà décrite. »*

Le Petit Parisien,
30 septembre 1933

Comment aurait-on pu soupçonner les sœurs Christine et Léa Papin du crime abominable qui restera attaché à leur nom ? En effet, lorsque les sœurs Papin arrivent au tribunal, le public aperçoit deux mines égarées, renfrognées, fort peu loquaces ou claquemurées dans un silence de plomb. Contraste saisissant avec le déchaînement de violence dont voici le récit.

Le 2 février 1933, alors que le jour tombait et que l'obscurité gagnait un petit hôtel particulier de la rue Bruyère dans la ville du Mans, les sœurs Papin avaient arrêté leur ouvrage. Elles étaient dans le noir : le fer à repasser, pourtant réparé la veille, avait provoqué un court-circuit. Sur les marches de l'escalier qui conduisait au premier étage, passant le temps en mangeant des gâteaux, elles attendaient le retour de leur patronne, Mme Lancelin, et de sa fille Geneviève. Lorsque celles-ci rentrèrent et qu'elles furent accueillies par Christine, bougie à la main, Mme Lancelin s'inquiéta. Christine lui expliqua la coupure d'électricité. La maîtresse de maison montra plusieurs signes d'agacement avant de se retourner et d'ôter son chapeau. Elle en était aux gants lorsque Christine saisit un vase en étain posé sur une console et l'écrasa sur la tête de Mme Lancelin, qui chancela, se retourna, saisit une poignée de cheveux de son agresseuse ; cette dernière jeta sa maîtresse par terre et lui cogna la tête contre le carrelage du sol de l'entrée, criant à sa sœur de venir lui arracher les yeux. Un ordre que Léa exécuta, sans hésitation et d'un doigt furieux, après avoir plusieurs fois, elle aussi, frappé la tête de sa patronne contre le sol. Alors que Léa achevait leur victime, Christine s'était emparée de Geneviève et s'employait à lui faire subir le même traitement, jetant en l'air l'un de ses yeux, qui fut retrouvé plus tard sur les marches de l'escalier. (Ceux de sa mère s'étaient perdus dans son corsage.)

Mais le massacre n'était pas terminé. Avec un marteau, l'une et l'autre défoncèrent le crâne de leurs victimes. Puis, avec des couteaux, dont l'un fut retrouvé sous le corps de Geneviève par la police, elles lacérèrent plus de vingt fois les bras et les jambes de Mme Lancelin et de sa fille. Le sang avait giclé partout, sur les meubles, sur les murs, au plafond. Le carnage achevé, les sœurs Papin demeurèrent près des cadavres, dégoulinantes de sang. Elles n'ouvrirent pas lorsque M. Lancelin sonna à la porte, le soir, après son travail. Elles ne se débattirent pas non plus lorsque la police, prévenue par l'époux inquiet qu'on ne lui ouvre pas, força la porte et les trouva à côté de leurs victimes. La culpabilité des deux femmes était évidente, restait à trouver le mobile. Il n'y avait pas eu de vol, les domestiques étaient employées dans cette maison depuis sept ans. Lors des différents interrogatoires auxquels elles furent soumises, les deux sœurs affirmèrent n'avoir jamais nourri de haine contre leurs patrons, même si la distance qu'ils mettaient entre elles et eux les gênait parfois. Ces mêmes interrogatoires permirent de connaître leur passé.

Leur père, Gustave, avait quitté la maison en 1911, après une forte altercation avec son épouse, Clémence Déré, domestique également. Il avait depuis refait sa vie et n'avait revu aucune de ses filles. L'enquête dira qu'il avait violé son aînée, Émilia, onze ans au moment des faits. Demeurée seule avec trois enfants, ne pouvant les nourrir, Clémence les avait d'abord placées dans sa famille avant de les mettre à l'orphelinat, les deux plus grandes au Bon-Pasteur et Léa à Saint-Charles. Lorsque Émilia eut quinze ans, sa mère voulut la mettre au travail, mais la jeune fille se fit religieuse. Ses quinze ans venus, Christine fut plus docile et obéit à sa mère. Celle-ci changeait régulièrement sa fille de place pour un meilleur salaire, qu'elle accaparait presque entièrement. Lorsque Léa fut en âge de travailler, elle devint elle aussi domestique. Christine, qui avait presque sept ans de plus qu'elle, fit tout pour la faire entrer chez les Lancelin ; elle y parvint. Elles vécurent dès lors toujours ensemble. Elles cessèrent de voir leur mère et de lui donner leur argent. Elles dormaient dans la même chambre, n'avaient pas d'amies, pas de relations sociales, pas d'amoureux ; elles vivaient entre elles. Une intimité que beaucoup soupçonnèrent d'être incestueuse, mais la pudeur de l'époque faisait que l'on ne parlait pas de ces choses-là. Reste que les enquêteurs constatèrent immédiatement l'emprise de Christine sur Léa, qui fut très vite considérée dans cette affaire seulement comme la suiveuse.

Malgré le peu de contenu du dossier, le procès des « arracheuses d'yeux », comme la presse avait surnommé les sœurs Papin, fut ouvert après huit mois de recherches et d'expertises. Il marquera durablement les annales. La première et seule audience eut lieu le 29 septembre 1933. Pas de témoins ou presque, tant pour la défense que pour l'accusation. Certes, la police dit ce qu'elle savait, mais

M. Lancelin était absent, en vacances. En fait, tous attendaient la bataille des experts, qui eut bien lieu.

Selon le Dr Schutzberger, directeur de l'asile d'aliénés de Tours, il ne faisait aucun doute que les deux sœurs étaient tout à fait responsables de leurs actes. Leur crime était l'aboutissement d'un accès de violence irrépressible de Christine, dans lequel elle avait entraîné sa sœur, et qui n'avait rien de pathologique. Les Drs Barruck et Truelle soutenaient également cette thèse. Un diagnostic que le Dr Lorge combattit : « Devant un acte aussi exceptionnel, si monstrueux, si difficilement compréhensible, je pense qu'on n'a pas le droit d'éliminer avec certitude ni l'épilepsie, ni les idées délirantes de persécution, en faveur desquelles militent les témoignages de premier ordre, ni les anomalies psychosexuelles et le sadisme susceptibles d'expliquer certaines particularités du crime. » Par ces mots, Lorge avait semé le doute. Après tout, Christine, vierge, seule, susceptible, capable de violence comme elle l'avait démontré lors de son séjour en prison, était peut-être malade. Parce qu'il y avait eu meurtre, l'acquittement ne pouvait être obtenu, mais le renvoi du procès pour d'autres examens sur les deux sœurs était envisageable. Le président du tribunal refusa. L'affaire des sœurs Papin devait être réglée le soir même. Vers minuit, les jurés rendirent leur verdict. Ils condamnaient à mort Christine et imposaient une peine de dix ans de travaux forcés à Léa.

Le 23 janvier 1934, le président Lebrun commuait la peine de l'aînée en prison à vie. Enfermée dans les quartiers des condamnées à mort depuis début octobre, elle n'avait pas revu sa sœur. Lorsqu'elle la croisa dans l'atelier où elle fut admise pour travailler, elle ne la reconnut pas. Elle ne reconnut pas non plus sa mère, qui vint la voir au parloir. Christine Papin mourut de sous-alimentation et de cachexie ; quant à Léa, elle travailla à sa sortie de prison comme femme de ménage avant de s'éteindre en 2001.

COUR D'ASSISES

Maurice Pilorge, le cambrioleur-meurtrier de Dinard, est condamné pour vols qualifiés, à 20 ans de travaux forcés

CET APRÈS-MIDI, IL RÉPOND DU MEURTRE DU MEXICAIN ESCUDERO

Une vue d'ensemble du prétoire pendant l'audience. A droite : la Cour que préside M. le conseiller Lemarchand. A gauche :le box des prévenus, avec au premier plan, Me Bourdon, le défenseur et Mr Cadoret, huissier-audiencier. Au centre, M. Lambert, greffier.

Les crimes d'un bravache assassin

Maurice Pilorge

« Dites donc, vous, je comprends que vous soyez pressé, pas moi… »

Pilorge à son bourreau au matin de l'exécution.
L'Ouest-Éclair, article de Jehan Tholomé, 5 février 1939

Nombreux sont les épithètes qui peuvent convenir pour décrire le comportement de ce jeune trouble-fête volontiers turbulent et espiègle, mais aussi cruel et sanglant. Le parcours de vie aussi bref qu'exalté de celui qui se nomme Maurice Pilorge l'aura mené droit à la guillotine.

Bien qu'âgé de vingt-quatre ans, c'était déjà un « ancien », comme on disait dans le milieu. Pourtant, il avait l'air d'un gosse quand il se présenta devant la chambre correctionnelle de Saint-Malo, le 17 novembre 1938. Ce jour-là, il comparaissait pour vols qualifiés et cambriolages de diverses maisons dans la ville de Dinard. Il y était arrivé le 23 juillet de la même année. Entre le 26, date à laquelle il commença ses larcins, et le 6 août, jour de son arrestation, il ne cambriola pas moins de sept villas. Reste que le butin de ces aventures était faible ; on ne se serait pas longtemps souvenu de cet individu si, en plus des vols, il n'avait pas assassiné un homme de sang-froid, au petit matin du 6 août.

Comme toujours lors de la première audience d'un procès, la vie de l'accusé fut résumée aux jurés de Saint-Malo. Maurice Pilorge avait été élevé par sa grand-mère dans un petit village à proximité de la cité malouine, Paramé. Sa mère vint le reprendre lorsqu'il eut neuf ans. Ensemble, ils partirent vivre à Falaise. Mais l'enfant fut laissé à lui-même, alors il fit des expériences. À onze ans, la justice le condamnait pour maltraitance sur animaux : il avait découpé une poule et un lapin vivants. Placé dans un patronage parisien, il s'en évada bientôt. Il fut surpris à Falaise en train de détériorer le réservoir d'eau de la gare. Direction la maison de correction de Mettray, d'où il s'échappa encore. Après quelques vols autour de Deauville puis à Paris, il fut rattrapé et purgea sa peine à Belle-Île. Sans possibilité de s'évader, il participa à une émeute. Déplacé, il fut incarcéré à Eysses, où, pour la première fois, il sembla se plaire. Libéré pour bonne conduite, il se remit à voler, notamment les parents qui l'avaient accueilli. Nouvelles plaintes, nouvelle arrestation, nouvelle condamnation. Cette fois, ce fut le bataillon d'Afrique qui le reçut ; il y fit un séjour de quinze mois. À son retour en France, Pilorge se retrouva affecté au 129e régiment d'infanterie disciplinaire du Havre, et ce fut de nouveau la révolte. Il passa huit mois en cellule et écopa de cent quinze jours de mitard. Le 7 juillet 1938, il se faisait la belle, après avoir cambriolé la cantine du régiment.

En raison de son passé, des multiples récidives et des vols avérés dans les villas de Dinard – on retrouva dans ses effets personnels plusieurs objets appartenant aux victimes –, Maurice Pilorge fut condamné à vingt ans de travaux forcés. Cette condamnation le fit sourire ; il était convaincu d'avoir sauvé sa tête. Le second procès qui s'ouvrait le lendemain à Rennes ne pouvait, selon ses avocats, le condamner à une peine plus lourde. Son crime ? Le meurtre d'Hector Escudero y Mandizabal.

La victime avait vingt-huit ans et était d'origine mexicaine. Le 1er août 1938, Escudero y Mandizabal s'était installé à Dinard et louait une chambre à l'hôtel Émeraude-Plage. Le soir du 5, il se rendit au Brighton Bar où il fit la connaissance de Pilorge. Ils sortirent du bar après 4 heures du matin et partirent ensemble à l'hôtel du Mexicain, qui avait invité sa nouvelle connaissance à passer le reste de la nuit avec lui, ce que Pilorge accepta. Le plan de ce dernier était simple : séduire cet étranger dans l'idée de le dépouiller, une fois arrivés à son hôtel. Dans la grande majorité des cas, les homosexuels de l'époque vivaient leur sexualité honteusement et ne dénonçaient donc que très rarement ce type de déconvenue. Mais Escudero se défendit. Lorsqu'ils sortirent ensemble de la chambre d'hôtel dix minutes après y être entrés, le voyageur, le visage tuméfié, ne cacha pas sa colère contre Pilorge, qui ne disait rien, convaincu que sa victime choisirait de garder le silence. Dans le hall, la dispute devint néanmoins plus violente, et Escudero le traita de voleur : après l'avoir agressé physiquement, Pilorge lui aurait fait les poches et pris 800 francs. Le gardien puis le propriétaire de l'hôtel tentèrent de calmer les deux hommes et fermèrent la porte de l'hôtel pour empêcher toute fuite du voleur avant l'arrivée de la police. Pilorge eut juste le temps de se faufiler dehors. Escudero partit à sa poursuite, parvint à le rejoindre ; ils se disputaient encore lorsque Pilorge sortit soudain de son veston un rasoir. Il frappa cinq coups à la gorge de son adversaire, qui tomba à genoux. Alors que Pilorge s'enfuyait, Escudero revint à l'hôtel où il s'écroula, mort. Le propriétaire, M. Boudrot, prévint la police ; les hôtels de la ville furent fouillés. Pilorge logeait au Pavillon-Vert. Il tenta de s'échapper par une fenêtre du premier étage mais fut arrêté.

Ce 18 novembre 1938 à la cour d'assises de Rennes, Pilorge était donc jugé pour deux crimes : vol et meurtre. Le verdict ne fut pas celui qu'il attendait : les jurés le condamnèrent à la peine capitale pour la simple et bonne raison qu'il était coupable des deux délits jugés les plus odieux par les Français. Le président Lebrun refusa la grâce. Pilorge serait exécuté le 3 février 1939. Mais un contretemps bien connu des historiens offrit au condamné un jour de sursis et le fit entrer dans l'histoire : le vieux bourreau Deibler, « l'exécuteur des hautes œuvres », comme on l'appelait poliment, avait rendu l'âme la veille de l'exécution. La nomination d'un nouveau bourreau, son aide, Desfourneaux, entraîna un retard de vingt-quatre heures. Après qu'on lui eut accordé son ultime demande (une rasade de lait chaud et de rhum accompagnée d'une cigarette), Maurice Pilorge fut exécuté sur la place devant la maison d'arrêt de Rennes.

Le récit fait dans les journaux de ses cavales et délits arrivera par la suite aux oreilles d'un poète et écrivain français. Dans *Le Condamné à mort*, Jean Genet narre sa rencontre fantasmée avec Pilorge, le tirant ainsi de l'oubli.

PARTIE 4

Hauts-de-France et Grand Est

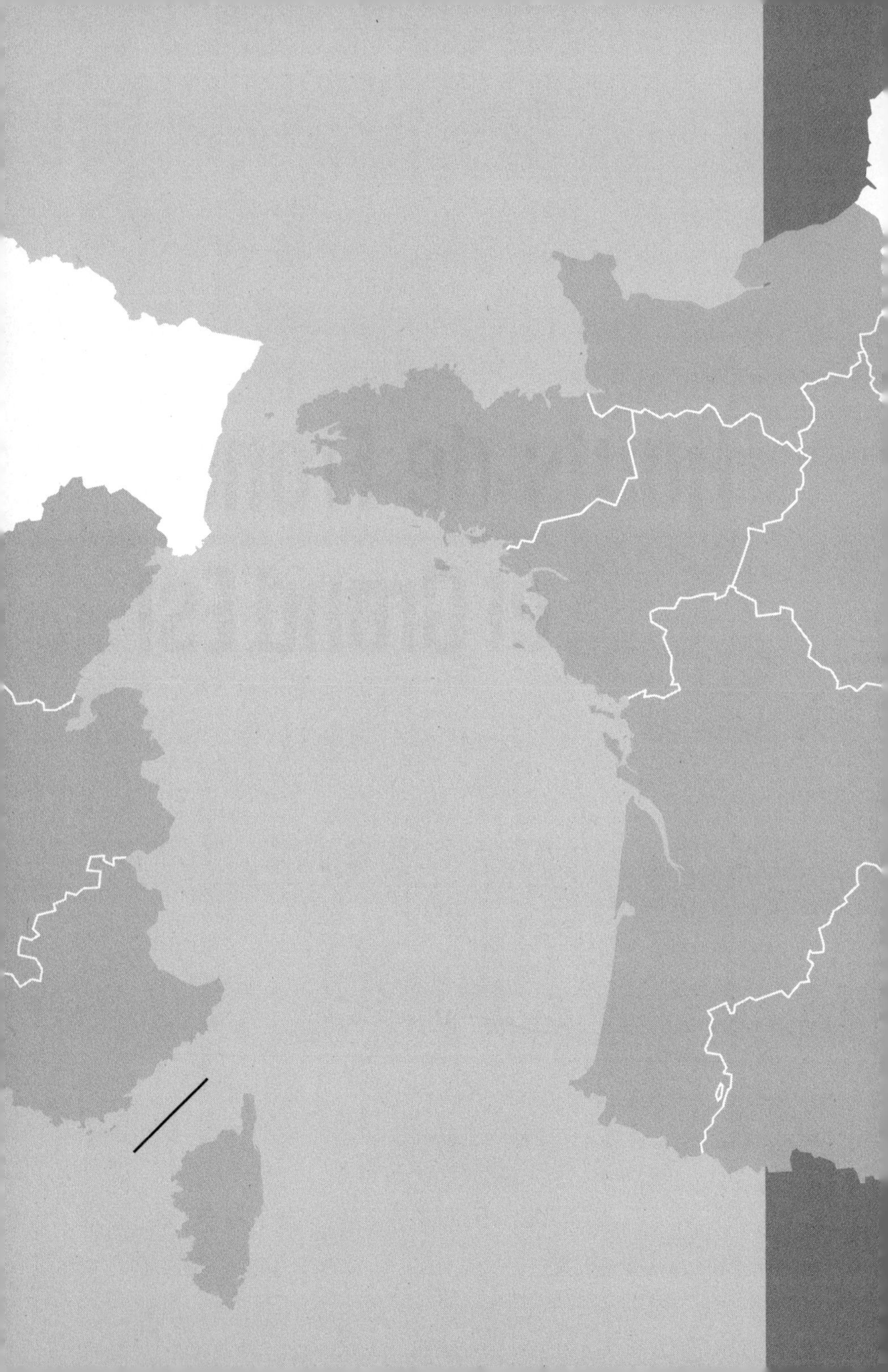

LES AFFAIRES CRIMINELLES DE LA RÉGION

1789
Une hécatombe au début de la Révolution
L'affaire Billon

1798
Une horde ensanglante la région nordiste
Antoine-Jospeh Moneuse

1804
Des cardinaux cloués au pilori
Les Arnould de Vittel

1832
Un double homicide auréolé de mensonge
Théodore Benoît

1890
Dix meurtres et une double arrestation
Jean Dauga

PENDANT CE TEMPS-LÀ EN FRANCE

1789

À L'ÉTÉ, le régime monarchique qui gouverna sans interruption la France durant près de mille trois cents ans sombre dans les feux de la Révolution.

1798

LE 16 MAI, alors que Napoléon Bonaparte entame la campagne d'Égypte, le général noir Toussaint Louverture et son armée d'anciens esclaves font une entrée triomphale dans la ville de Port-au-Prince.

1804

LE 2 DÉCEMBRE, Napoléon Bonaparte se fait sacrer empereur en la cathédrale Notre-Dame de Paris. Son épouse, Joséphine de Beauharnais, est, le même jour, couronnée impératrice.

1832

DANS LA NUIT DU 1ER AU 2 FÉVRIER, alors que Paris est ravagé par le choléra, un complot légitimiste tente de renverser le roi Louis-Philippe pour placer sur le trône le petit-fils de Charles X, Henri V. L'échec est total.

1890

LE 12 NOVEMBRE, à Alger, le cardinal Lavigerie, archevêque de la ville, invite les catholiques de France, encore majoritairement monarchistes, à soutenir le régime républicain.

ÉVÉNEMENT DU 13 DECEMBRE 1789.

Vengeance affreuse d'un nomme Billon, horloger, à Senlis.

Une hécatombe au début de la Révolution

L'affaire Billon

« La machine infernale mise en jeu tua et blessa un grand nombre de militaires et de Gardes nationaux. [...] La Bruyère rejoint ce misérable [...] le saisit [...] quand une mine pratiquée dans la maison éclate, fait sauter les bâtiments, et ensevelit sous ses décombres les assaillants et l'auteur du crime. »

Extraits de la notice consacrée à La Bruyère, dans *Biographie universelle, ancienne et moderne*, tome 69, 1841

1789, une année marquante dans l'histoire française : l'année de la prise de la Bastille, événement qui fera office de fête nationale. Ce moment-clé ouvre une période charnière qui va durer dix bonnes années, jusqu'à la proclamation du Consulat par Bonaparte.

Les prémices de la Révolution ne se font pas sans affrontements, aussi bien à Paris que dans les provinces. En juillet 1789, une explosion dans un château bourguignon détruit la bâtisse et fait plusieurs morts. Cet incident malheureux est rapidement interprété comme une manifestation de la contre-offensive nobiliaire au moyen d'armes particulièrement puissantes, les explosifs. De nombreuses rumeurs sur la prétendue nouvelle barbarie nobiliaire courent alors les rues. La peur des attentats devient obsédante.

À Senlis, au nord du bouillonnement révolutionnaire parisien, l'attentat du 13 décembre 1789, fomenté par l'horloger Louis Michel Billon, renforça la conviction que les ennemis de la Révolution étaient toujours prêts à faire usage des armes les plus puissantes. Ce Billon n'avait-il pas tiré sur les soldats de la nation et, dans l'explosion de sa maison et des habitations alentour, tué ou blessé des innocents ? Au sein de la société civile idéale régénérée et civilisée que les hommes de la Révolution souhaitaient instaurer, l'auteur du massacre devint l'archétype de l'ennemi public qu'il était nécessaire de combattre, voire d'abattre.

Par ailleurs, cet attentat du 13 décembre démontra, selon les récits très militants publiés ensuite, l'unité des citoyens entre eux ; l'entraide qu'ils avaient manifestée aussitôt le calme revenu illustrait une union nationale qui jusque-là n'avait jamais été remarquée – quand bien même il y en avait déjà eu des exemples. La municipalité, le chapitre de la cathédrale et les particuliers, soit tous les membres constitutifs de la nation, quels que soient leur croyance religieuse ou leur engagement politique, se rassemblèrent a priori dans un même élan de solidarité pour fournir les premières aides financières aux familles touchées. Ce qui est certain, c'est qu'une demande de secours fut adressée au ministre Necker ; on venait d'inventer ce qui serait un jour une évidence : l'indemnisation des victimes par l'État, c'est-à-dire la nation tout entière. Quant aux victimes, et pour la première fois là encore, elles furent célébrées comme des héros.

Cependant, malgré les convictions les plus solides et les récits les plus militants, l'attentat du 13 décembre 1789 n'avait aucun motif politique : il n'était dû qu'à des motivations bassement personnelles et était le résultat d'une vengeance banale occasionnée par une vexation qui s'était muée en une immense colère. Cet homme en colère, c'était Louis Michel Rieul Billon.

Né vers 1750 à Senlis, il était devenu apprenti dans le domaine de la mécanique et de l'horlogerie. Il était entré, dès le début de la Révolution, dans le corps des arquebusiers de la Garde nationale de Senlis avant d'en être congédié manu militari pour une histoire d'argent. Malgré ses différentes démarches, il ne put jamais le réintégrer.

Le 13 décembre devait avoir lieu la bénédiction du nouveau drapeau français par l'Église, avec une procession accompagnant le nouveau symbole de la mairie à la cathédrale. Au matin du 13, Billon se rendit à l'hôtel de ville, où il rencontra le commandant de la 2e division de la cavalerie, M. Hamelin. Il se plaignit de l'injustice dont il se disait victime, mais il eut surtout confirmation que le défilé passerait sous ses fenêtres, rue de Châtel.

Rentré à son domicile, il envoya sa femme et sa servante assister au défilé, loin de la maison familiale. Billon s'était en effet résolu à se faire justice face à ce qu'il considérait être un abus de pouvoir. Il allait tuer et se tuer au milieu d'une explosion.

À midi, le cortège se mit en branle. Il était constitué d'un détachement de la cavalerie nationale, des corps de l'arquebuse et de l'arc de la compagnie des fusiliers, que suivaient les officiers municipaux. Derrière défilait l'état-major de la milice nationale, dont le commandant portait l'oriflamme ; il était escorté par cinquante hommes des différents corps des troupes déjà citées. Quatre compagnies de fusiliers et la compagnie des chasseurs fermaient la marche.

Entre-temps, Billon s'était enfermé chez lui, dans son bureau, avec arquebuses et fusils de chasse. Lorsqu'il entendit les acclamations de la foule, il se mit à la fenêtre. Il tira un premier coup, un homme tomba, on crut à un accident. Second coup de feu, les regards se tournèrent vers la maison de l'horloger, et on tenta de le mettre hors d'état de nuire, en vain. Hamelin et ses hommes quittèrent le cortège et se rendirent chez Billon, mais ce dernier tirait toujours et tuait davantage, bénéficiant de sa position en surplomb par rapport aux malheureux qui subissaient son feu nourri.

On enfonça la porte de la maison et on prit d'assaut la demeure de l'horloger. Barricadé dans son cabinet, Billon eut le temps d'en sortir en mettant le feu aux tentures du premier étage, écran qui devait lui permettre d'atteindre le grenier – tandis qu'il tirait toujours. Parvenu devant la caisse d'explosifs, il eut le temps d'allumer les mèches avant d'être saisi par un soldat nommé La Bruyère. Les dégâts furent immenses : les projectiles firent des morts et des blessés dans la maison et jusque dans la rue. Les projections de tuiles endommagèrent les habitations voisines, et l'explosion provoqua d'autres incendies.

Déjà grièvement blessé, Billon fut tiré hors des ruines par La Bruyère, avant d'être lynché et exécuté sans autre forme de procès.

Le bilan de l'attentat fut lourd : vingt-six personnes décédées, près d'une quarantaine de badauds blessés. Ce meurtre de masse fut longtemps considéré comme un marqueur dans l'histoire des attentats-suicides.

Pour forcer les riches fermiers ou les châtelains à révéler leurs cachettes, ils les soumettaient à la torture de la *chauffe*.

Une horde ensanglante la région nordiste

Antoine-Joseph Moneuse

« Moneuse ! Évocation lugubre d'un nom à jamais abhorré qui glaçait d'effroi les populations terrorisées du Haut-Pays. Sinistre bandit ; coquin exécré ; infâme détrousseur de voyageurs attardés sur les grand-routes ; pillard éhonté de fermes isolées ; coureur infatigable de jupons troublants ; ivrogne invétéré ; pilier de cabarets ; brute odieuse dont le souvenir nauséabond intoxique encore les mémoires rancunières. »

Extraits de *Moneuse, un chef de bandits sous le Directoire*, Albert Jottrand, 1932 pour la 1re édition

Alors que la Révolution est à son crépuscule, que les combats entre coalisés et Français font rage et que le Directoire a encore plusieurs années à vivre, un groupe de malfrats sévit depuis plusieurs années dans la zone actuelle des Hauts-de-France, à la frontière avec la future Belgique. Ces hommes, brigands de grand chemin, sont appelés les « chauffeurs du Nord ». Cette dénomination particulière désigne des malfrats qui torturent leurs victimes en leur brûlant les pieds pour les forcer à révéler l'emplacement de leurs richesses avant de les tuer.

Cela faisait des années qu'ils sévissaient, jusqu'à ce jour de février 1797. Plus exactement, le 12 février, en début d'après-midi, la petite ville de Mons fut soudainement en ébullition. Un imposant détachement de gendarmes à cheval empruntait la rue principale à grand trot. À sa tête, un homme d'expérience, le lieutenant Martin. Tous étaient armés de sabres et de fusils. Ils n'avaient pas fait cas des passants, et s'étaient dirigés vers la porte de France, par laquelle ils sortirent rapidement de la ville. Dans la matinée, Martin avait appris d'un indic que les brigands qui terrorisaient la région depuis près de trois ans – brigands qu'il recherchait inlassablement et qui, malgré ses efforts, étaient toujours parvenus à déjouer ses patrouilles – étaient à portée de sa main. Les malfrats se seraient retirés dans un bourg voisin, Quévy-le-Petit. Martin et ses hommes arrivèrent à proximité du lieu-dit vers 16 heures. Le lieutenant préférait agir à la nuit tombée. En attendant, il dispersa ses hommes, qui encerclèrent le cabaret où les principaux chefs de cette bande se trouvaient a priori. Vers 20 h 30, selon le procès-verbal, Martin donna l'ordre de l'assaut. Ses meilleurs hommes investirent le cabaret armes au poing, et saisirent les hommes présents dans la salle commune. L'information du mouchard s'avérait juste. La prise fut belle. Il y avait là, assis à la même table, Nicolas-Joseph Gérin, dit Jean-Pierre de Ciply, Alexandre Buisseret, dit Mongros de Frameries, et le plus fameux de tous, Antoine-Joseph Moneuse, dont le dernier domicile connu était à Saint-Vaast. Dans la foulée, Martin arrêta également le cabaretier Joseph Allard. L'homme ne pouvait ignorer l'identité de ses clients et était donc susceptible de les loger, voire de les protéger. Aucun ne chercha à résister, aucun n'essaya de s'enfuir. Attachés, les mains derrière le dos, ils furent conduits dans la nuit directement à la prison d'Asquillies. Un cinquième complice fut arrêté quelques jours plus tard : François Ciriez.

Ce fut le juge de paix Carbonaro qui mena les interrogatoires. Depuis 1794, Moneuse et ses hommes étaient soupçonnés d'avoir commis une vingtaine d'assassinats, et notamment d'avoir massacré neuf personnes dont une enfant de quelques mois à l'auberge de La Houlette. Ils furent suspectés d'être les auteurs de plus de cent soixante cambriolages de maisons, fermes, presbytères et couvents, se déguisant à l'occasion pour y pénétrer plus facilement. Ils furent rendus également responsables d'une foule de vols de voyageurs dans les auberges ou sur les chemins, sans parler des rapts de chevaux, et d'une infinité de petits larcins qui ne furent pas pris en compte lors du procès. Leur périmètre d'action était assez large, puisqu'il s'étendait de Feignies à Roisin, le long de la frontière. Comment Moneuse et ses hommes étaient-ils parvenus, malgré les efforts déployés, à déjouer si longtemps les autorités dans une zone si surveillée en raison de la crainte constante d'une intervention armée venue de Flandre, organisée par les royalistes ? Grâce à un laissez-passer trouvé sur Moneuse, prétendument donné par le comité de surveillance de la République. Un document reconnu faux par les juges, mais qui berna des années entières toutes les personnes qui s'étaient aventurées à vouloir le poursuivre.

Le signalement de cet homme avait pourtant été donné à toutes les gendarmeries de la région. Voici comment, en 1795, il était décrit : « Il est vêtu d'une capote à collet rouge, d'une veste de soie rayée violet, rouge et blanc, d'un pantalon de drap gris fer, de bottes toujours très propres, il est bel homme, le poil brun, avec un chapeau rond ou un bonnet de paille avec une queue-de-renard. Son cheval est gris, et il porte toujours une paire de pistolets. »

Il était né vers 1768 à Marly. Son grand-père, tisserand, avait très vite trouvé plus lucratif de détrousser ses congénères que de les vêtir et fut détenu pour cette raison pendant quatorze ans à la prison de Saint-Omer. Quant à son père, il avait exercé le métier de meunier avant de suivre les traces de son propre père et d'être probablement assassiné en 1779. Concernant sa mère et ses trois frères, nous ne savons rien. Moneuse et ses acolytes passèrent devant le juge le 15 juillet 1797. Une affaire qui aurait pu être expédiée rapidement si tous les crimes et délits dont ils furent accusés s'étaient accompagnés de preuves tangibles. Restaient la conviction, l'hérédité familiale, la position marginale de l'inculpé. En outre, des vices de forme juridiques furent relevés et obligèrent à reporter le jugement. Moneuse n'échappa pas à la mort pour autant. Il fut exécuté le 18 juin 1798 à Douai, après avoir été exposé six heures en place publique vêtu de la chemise rouge des assassins et des empoisonneurs, une marque infamante que les lois de 1791 avaient imposée aux criminels considérés comme les plus dangereux. À son côté, son ami Gérin.

6e ANNÉE. — No 141. CINQ CENTIMES Supplément au *Nouvelliste* du 24 avril 1898

Le Nouvelliste des Vosges

ILLUSTRÉ

PARAISSANT TOUS LES QUINZE JOURS

— Qu'avez vous trouvé ? demanda l'officier.

— Pas de morceau de papier, rien !

Brutus laissa échapper un sourire ironique. On avait retourné ses poches, fouillé jusque ses souliers sans rien découvrir.

LES CARDINAUX. — UNE BANDE D'ASSASSINS. (Voir page 708)

LA FOLLE
DE LA
GRAND'LANDE

Par Octave FERRÉ

II

LE JEUNE GARS ET LA FOLLE

Si tu avais la conscience nette, tu ne serais pas si câlin. Suffit, je te surveille ; il faudra bien que tu parles. Mais le commandant m'appelle. Réfléchis pendant ce temps. Sinon !

Il riétéra son terrible geste.

— Vous cherchez mal, dit l'officier, auquel les prisonniers, en raison même de leur allure et des explications maladroites de La Valeur, devenaient plus suspects. Ces hommes doivent avoir sur eux des marques, des indices, quelque chose, fussent-ils négociants, comme ils le prétendent, un négociant ne voyage pas sans un portefeuille.

On les fouilla de nouveau ; lui même y mit la main, ce fut inutilement.

Tout à coup, une idée jaillit du cerveau de Pierre. Il s'approcha doucement de La Valeur, séparé de Brutus et d'Hector par un groupe, et se penchant à son oreille :

— Choisis : de ma protection ou de ma colère. Il lui montra comme un assommoir son biceps suspendu sur sa tête. Je ne te demande pas de parler réponds par un signe ; tes compagnons ont ils des papiers ?

Le pauvre diable fit un clignement d'œil affirmativement.

— Bien, où sont-ils ?

Par un effort douloureux, il parvint à mettre la main sur sa tête.

— A merveille ; je ne te trahirai pas et je tiendrai ma parole.

Des cardinaux cloués au pilori

Les Arnould de Vittel

« Les cinq têtes des Cardinaux sont tombées sans qu'on ait su s'il y avait des victimes, sans qu'à aucun instant, pendant quinze mois d'instruction, et plus tard à l'audience de la Cour criminelle, on ait tenté la moindre recherche pour savoir quels étaient ces mystérieux cadavres. »

Extrait des *Crimes des « cardinaux » (Vittel – 1804)*,
Louis Sadoul, 1925

Comment expliquer qu'une commune tranquille des Vosges ait accusé sans preuve une famille de cinq personnes, les condamnant ainsi à mort ?

Le 19 ventôse an XII (soit le 12 mars 1804), dans la petite ville de Vittel, deux ouvriers travaillaient à la carrière communale lorsqu'ils découvrirent des ossements humains, une tête et un tibia. Le 21 et le 22, ils en trouvèrent d'autres. Au total, ils déterrèrent cinq crânes dans ce qu'il fallut bien considérer comme un charnier. Le juge de paix Thouvenel, prévenu, se rendit sur les lieux, flanqué de notables locaux dont le maire et suivi d'une foule de curieux. Depuis la première découverte macabre, la bourgade était en effet en ébullition. Tous les habitants ou presque s'étaient passé le mot et spéculaient sur des détails sordides. Dans la hâte des badauds à trouver des coupables à ces forfaits, des souvenirs resurgirent, ou, plutôt, les ragots les plus osés se mirent à circuler. On se rappela qu'une dizaine d'années plus tôt Blaise Perrot, propriétaire d'une maison située en face de la carrière, avait souhaité réparer un mur et avait fait extraire de cette carrière une certaine quantité de pierres. L'exploitation avait duré une quinzaine de jours, puis les ouvriers avaient refermé l'ouverture. C'était dans cette zone que les cadavres avaient été trouvés. On s'empressa dès lors d'affirmer qu'ils y avaient été placés après le travail des ouvriers. On chercha aussi qui, dans le village, avait pu disparaître du jour au lendemain. Personne au demeurant, mais ces marchands de bœufs du Morvan, ceux qui fréquentaient régulièrement la foire pour vendre leurs bêtes… ne s'étaient-ils pas évanouis dans la nature ?

Le citoyen Bajonnet, receveur de l'enregistrement, se souvint d'avoir été consulté, à cette même époque, par un de ces marchands de bœufs, détenteur d'un titre de 100 louis payable par le citoyen François Arnould, avec qui il avait maille à partir. François demeurait à Vittel, dans une maison voisine de la carrière. Il avait deux frères, Sébastien et Joseph, qui vivaient respectivement à Ligneville et à Senonges. Les rumeurs enflèrent et les regards accusateurs se tournèrent vers les Arnould (appelés plus communément dans le pays les « cardinaux »), qui pâtissaient déjà d'une fort mauvaise réputation. François Arnould passait pour un ivrogne, toujours la menace à la bouche et le bâton à la main. On l'avait vu casser une bouteille de vin sur la tête de quelqu'un, il aurait volé 12 francs à un autre, et aurait menacé ses créanciers. Il avait même fait de la prison après avoir planté son couteau dans le ventre du garde forestier ; s'il avait déjà blessé un homme, il pouvait bien en tuer d'autres ! C'était sûrement lui aussi qui avait disposé toute cette broussaille à l'entrée de la carrière, pour empêcher qu'on y pénètre. En moins de temps qu'il n'en faut pour le dire, tous les vols non expliqués de la région furent mis sur le compte de cet homme et de sa famille. Si les hommes de cette maison étaient de dangereux soudards, les femmes ne valaient guère mieux : on se souvint d'avoir entendu Thérèse dire qu'elle avait été à deux doigts d'étrangler son mari au cours d'une dispute. Enfin, il y en eut beaucoup pour juger suspecte l'aisance financière de la famille, qui avait été très soudaine.

Le 17 mars, une sixième tête, celle d'un enfant, était découverte. Tous les ossements furent rassemblés dans une caisse et portés à l'église. Arnould et ses frères étaient absents – depuis l'exhumation des premiers ossements, ne manqua-t-on pas de remarquer. Seules se trouvaient dans la maison familiale la mère Arnould, Thérèse, la sœur, et l'épouse de François. Thérèse fut la première interpellée, et ce fut sous les insultes de la population qu'elle entra dans le palais de justice. Elle affirma n'avoir jamais vu ces fameux marchands chez eux et précisa qu'elle passait avec sa mère la moitié de l'année à Paris ; en somme, elle ne savait rien.

Le lundi 19 mars, les ossements étaient examinés par un médecin, Jean-Nicolas Rambaud. Il ne put exactement les dater, mais il confirma qu'ils pouvaient effectivement être vieux de huit à dix ans. C'était précisément le temps depuis lequel on n'avait plus entendu parler des marchands de bestiaux… On supputa hâtivement que trois des cinq têtes retrouvées ne pouvaient être que celles de ces hommes.

Le jeudi 20 mars, les femmes Arnould furent toutes trois inculpées d'assassinat. Le même jour, François Arnould était arrêté ; le 22, c'était au tour de Sébastien. Joseph se présenta volontairement quelques heures après. Tous furent placés sous mandat de dépôt et transférés à la prison de Pirecourt sans que l'on puisse savoir quelle fut leur défense, car les sources manquent.

Une perquisition fut ordonnée dans la maison de Vittel, et on fouilla le jardin. Après tout, peut-être y avaient-ils enterré d'autres victimes ? On trouva effectivement des ossements, ceux de plusieurs femmes, cette fois, mais on ne chercha pas davantage à les authentifier.

Au total, cent vingt-huit personnes furent interrogées ; autant de témoins à charge et de témoignages invérifiables : on assura même que dans la marmite des Arnould cuisaient des mains et des pieds humains ! Le 25 janvier 1805, l'instruction était terminée sans que l'on en connaisse les détails. La cour se réunit pour le procès le 4 août suivant. Le 8, les inculpés comparaissaient devant leurs juges. Si l'épouse de François Arnould fut condamnée à vingt ans de travaux forcés et à une exposition publique de six heures, les cinq autres se virent condamnés à mort. La mère et la fille pour avoir tenté volontairement, et avec préméditation, de tuer le mari de cette dernière par strangulation ; les frères pour avoir éliminé les marchands de bœufs. Des propos tenus par les accusés pour leur défense nous ne savons rien, à part qu'ils nièrent en bloc avoir commis un quelconque meurtre.

Ni l'absence de preuve irréfutable ni la partialité évidente de ce qui ne relevait après tout que de la rumeur n'ébranlèrent la décision des juges. Les membres de la famille Arnould n'obtinrent aucune grâce et furent guillotinés tous les cinq, l'un après l'autre, en place publique, à Épinal, le 16 septembre 1805, avec la chemise rouge des meurtriers.

Comme pour l'affaire du courrier de Lyon, la possibilité d'une erreur judiciaire existe, car cette histoire s'entache de quantité de zones d'ombre. Outre qu'il paraît fort étrange que les Arnould, qu'on disait si expérimentés dans le crime, aient pu se débarrasser négligemment des corps de leurs victimes dans un espace public à côté de chez eux, aucune demande d'authentification des squelettes des femmes et de l'enfant n'a été faite. Il n'y eut personne non plus pour trouver singulier que l'on n'ait jamais exhumé de corps complet lors des fouilles. Sans parler du fait que l'on ne prit pas la peine de vérifier que les marchands de bœufs disparus l'étaient bel et bien… Et il s'avéra qu'ils ne s'étaient pas du tout volatilisés ! L'un d'eux était décédé dans son lit ; quant aux deux autres, ils vivaient toujours lorsque la famille Arnould fut exécutée.

Enfin, même si l'archéologie en était alors à ses balbutiements, pourquoi n'a-t-on pas pensé qu'il s'agissait peut-être d'un ancien cimetière médiéval ? C'est désormais la piste retenue pour résoudre l'affaire de la famille Arnould, ces cinq innocents condamnés à mort pour avoir peut-être vécu sur un lieu de sépulture de la fin du Vᵉ siècle.

En Lorraine, une complainte déclamée depuis des décennies raconte la tragique destinée des « cardinaux de Vittel ».

Un double homicide auréolé de mensonge

Théodore Benoît

« Les annales judiciaires offrent peu d'exemples d'une cause aussi remarquable par le contraste entre l'âge et la douceur apparente de l'accusé et la férocité des faits qui lui sont attribués. »

Extrait de *L'Annuaire historique universel pour 1832*,
Charles-Louis Lesur, 1832

Deux corps sans vie, celui d'une mère de famille et celui d'un jeune homme d'une vingtaine d'années, retrouvés à quelques mois d'écart dans deux endroits différents. Leur point commun : le nom d'un homme, Théodore Frédéric Benoît.

Revenons au début de cette effrayante histoire.

Le 7 novembre 1829, à Vouziers, M. Benoît, juge de paix de la ville, quittait au petit matin sa demeure. À sa femme, Pauline Lardot, qui l'avait accompagné jusqu'à la voiture, il promit de revenir au plus vite. Il se rendait sur ses terres, près de Moulin, pour payer ses gens. Il lui demanda également de bien fermer les portes et les volets le soir. L'homme était prudent. Il était aussi très avare. Il faisait des économies sur tout et, le soir, tel Harpagon, il comptait son argent, ou plus exactement son or. L'idée d'un cambriolage le terrifiait. Ces deux-là avaient eu cinq enfants, trois fils et deux filles. Le premier faisait carrière dans la magistrature, le second avait mal tourné et avait été chassé de la maison, le dernier, Théodore Frédéric, qui n'avait que dix-neuf ans, s'apprêtait à suivre la voie de son aîné. Quant aux filles, elles s'étaient rapidement mariées à deux notables de Nancy. En somme, en ce 7 novembre, ne restaient à Vouziers que l'épouse, le dernier fils, et une nièce, Louise Feuches, orpheline, recueillie par charité, mais qui gagnait son pain en participant à l'entretien de la maison.

Tous partirent se coucher vers 22 heures. Vouziers était endormi lorsque, vers minuit, la voix de Théodore Frédéric retentit dans la cour. Il criait « Au secours ! », « Aux voleurs ! ». Ses voisins immédiats, les frères Dossereau, accoururent. Le fils Benoît les attendait sur le pas de la porte. Il leur annonça que des voleurs étaient entrés chez eux, qu'il avait entendu du bruit dans le bureau de son père, qu'ils devaient être plusieurs, qu'il n'avait aucun moyen pour se défendre – et que depuis qu'il avait appelé à l'aide ils les avaient vus s'enfuir par la fenêtre, qu'une femme était avec eux. Tous allèrent dans le bureau, constatèrent que l'armoire était grande ouverte, le linge par terre ; des couverts en argent traînaient sur le plancher avec quelques sacs de pièces d'argent. Surpris, les malfaiteurs avaient laissé une partie de leur butin derrière eux. Mais tout l'or avait disparu. Le fils Benoît et les voisins appelèrent alors Mme Benoît pour l'informer du vol. Elle ne répondit pas. Ils se précipitèrent dans sa chambre au rez-de-chaussée, de l'autre côté de la maison. Ils la découvrirent dans son lit, morte. Elle avait été égorgée.

Les autorités furent aussitôt averties. L'enquête commença. On trouva un crochet au bas de la fenêtre par laquelle les voleurs étaient entrés. Ils s'en étaient servis pour ouvrir les volets. Ils devaient connaître les lieux, car ils n'avaient visité que le bureau du juge. Le meurtre avait été commis sans aucun doute avant le vol, car il était évident qu'ils avaient été dérangés pendant leur larcin. Théodore Frédéric dormait au premier. Il avait été réveillé par des murmures. Mais Louise, elle, n'avait rien entendu avant que son cousin ne se mette à crier et était partie aussitôt le rejoindre. Inutile de dire que le juge de paix Benoît, à son retour le lendemain, fut totalement effondré, autant par la mort de sa femme que par la perte de toutes ses économies, qu'il avait mis tant de temps à accumuler. Pourtant l'enquête piétinait. Le père, toujours en colère contre son cadet, qui avait osé un jour lui voler quelque argent, crut à une vengeance de ce garçon. Auguste fut appréhendé. Mais rapidement, par l'abondance des témoignages, il fut disculpé.

La justice resta sans élément nouveau jusqu'au 6 janvier 1830. Ce jour-là, sur le volet de la fenêtre par laquelle les voleurs étaient entrés dans la maison, fut trouvée une lettre anonyme, adressée au propriétaire des lieux et le menaçant du même sort que sa femme. La lettre fut apportée au procureur, qui en reconnut immédiatement l'auteur : le charcutier Labauve. Il habitait en face de la maison du juge, et écrivait régulièrement des missives de ce genre à toutes les personnes qui lui déplaisaient. Était-il le meurtrier ? Avait-il été aidé de son épouse ? Quoi qu'il en soit, il fut arrêté, emprisonné, et son procès se déroula le 30 juillet 1830, au lendemain de la chute de Charles X. Mais les preuves étaient insuffisantes pour condamner cet homme pour vol et assassinat. Il fut acquitté. Cependant, il n'avait pas été blanchi pour les menaces qu'il proférait à droite et à gauche et il fut pour cela condamné à six mois de prison. Quant au meurtre de Mme Benoît, tous étaient maintenant convaincus qu'il resterait impuni. Théodore Frédéric partit faire son notariat à Nancy. Les mois passèrent.

Le 23 juillet 1831, la nouvelle d'un assassinat à Versailles occupa les premières pages des gazettes. Un jeune homme avait été sauvagement lardé de dix-sept coups de couteau dans une chambre d'hôtel de la ville royale. La victime ne possédait pas de papiers et était inscrite sous une fausse identité sur le registre de l'hôtel, ce qui laissa les enquêteurs très perplexes. Mais bientôt, par une lettre anonyme, encore, le nom de la victime fut révélé. Il se nommait Joseph Formage, était le fils d'un marchand de vin de la Villette, et appréciait « la débauche d'une nature particulière », autrement dit, il aimait les garçons. Très vite on découvrit son adresse. Dans ces papiers fut retrouvé un brouillon de lettre – une lettre d'amour où Joseph priait son amant de lui revenir, car il manquait d'argent, venant de perdre son travail ; il disait aussi connaître le secret de son amant, arguant que les hommes parlaient en dormant. La lettre était adressée à Théodore Frédéric Benoît.

Celui-ci avait très vite quitté l'étude dans laquelle il travaillait pour vivre sa vie d'homme à sa manière. Reste qu'il dépensait beaucoup. Il ne payait qu'avec des pièces d'or. Arrivé à Paris au début de l'année 1831, il y poursuivit son existence légère et, un soir, avait rencontré Joseph. Une histoire qui s'était terminée en mai dernier. Depuis, il avait fait d'autres rencontres, il logeait dans un hôtel, et semblait ne se soucier que du moment présent.

La police le cueillit le 26 juillet, alors qu'il prenait son courrier. Il avoua avoir été l'amant de Joseph, mais assura ne plus l'avoir vu depuis deux mois. Il dit que la nuit du 21 au

22 juillet, nuit du crime, il était à Paris, avec un homme qu'il avait rencontré dans un théâtre. Il fut conduit à la morgue. Il affirma que le cadavre n'était pas Joseph. Le lendemain, on l'emmena à Versailles, où il fut formellement reconnu par les gens de l'Hôtel des Bains, où le meurtre avait eu lieu. Il fut inculpé de meurtre, et conduit en prison.

Dès lors des recherches furent faites sur son passé, sur cette enfance solitaire au milieu de ses frères et sœurs, et révélèrent sa cruauté, qu'il savait si bien dissimuler derrière sa timidité et sa politesse, les tortures qu'il infligeait aux animaux – mutilant chat et chien, sans parler des oiseaux à qui il arrachait les plumes pour finalement les rôtir vivants. À quatorze ans, il était entré au séminaire de Reims, mais en avait été renvoyé. Il y avait découvert sa sexualité. Depuis, il était resté dans la demeure de ses parents. Évidemment, le meurtre de sa mère sortit de l'oubli. Tout l'argent qu'il avait dépensé à Nancy et à Paris provenait de l'or volé à son père. Il lui en restait encore beaucoup, plus de 1 700 francs-or. L'enquête montra qu'il avait non seulement organisé le cambriolage, mais aussi l'assassinat de sa mère, avec la complicité de sa cousine, qu'il avait séduite pour mieux la dominer. Il avait ensuite abandonnée celle-ci à son triste sort puisque Louise, ayant quitté la maison des Benoît dans l'espoir de vivre avec son cousin, se retrouva bientôt sans aucune aide, réduite à se prostituer, pour finalement décéder peu après l'arrestation de Théodore Frédéric, le 30 juillet 1831. Quant à Joseph Formage, il avait tout compris, et risquait donc de parler. Théodore Frédéric, après avoir reçu sa lettre, l'avait recontacté, lui avait fait croire à des retrouvailles, et l'avait conduit à Versailles où il l'avait massacré pour ne laisser aucun témoin derrière lui. Vingt mois de cavale entre deux assassinats.

Le procès se déroula entre le 11 et le 15 juin 1832. Lorsqu'il apprit sa condamnation à mort, Théodore Frédéric se mit à crier à l'injustice ; il affirmait toujours être innocent, et il fallut cinq hommes pour le contenir. Le pourvoi en cassation fut rejeté le 19 juillet suivant. La grâce royale, malgré les lettres de son père, de son frère aîné, maintenant juge à Vouziers, et de ses sœurs qui exprimaient leur pardon, ne lui fut pas accordée – Louis-Philippe Ier resta inflexible, les crimes étant jugés trop atroces.

Le Journal illustré

VINGT-SIXIÈME ANNÉE — N° 49

DIMANCHE 8 DÉCEMBRE 1889.

PRIX DU NUMÉRO : 15 CENTIMES

GRAVURES

Les crimes de Pont-à-Mousson, par **Henri Meyer**. — *Quatrième série des portraits des députés de la nouvelle Chambre*, par **Henri Meyer**. — *Nos illustrations de* **Le Régiment,** par **Henri Meyer**. — *Portrait de Dauga*, par **Henri Meyer**.

Le Journal illustré est mis en vente dès le vendredi matin.

ABONNEMENTS	UN AN	SIX MOIS
Paris........	6 50	3 50
Départements...	7 50	4 »

Administration et Rédaction à Paris hôtel du **Petit Journal,** *Rue Lafayette 61.*

TEXTE

Chronique de la semaine, par **Alfred Barbou**. — *Beaux-Arts et Théâtres*, par **Charles Darcours**. — *Nos gravures*, par **Léon Kerst** — *Zette*, nouvelle (suite), par **Jean Barancy**. — *Mot carré syllabique inédit*, par **A. Frémendity.**

Assassinat de Mme Ferry **Meurtre des époux Sulzer** **Assassinat de Mme François**

LES CRIMES DE PONT-A-MOUSSON

Dessins de Henri MEYER, d'après des documents communiqués. — Gravure de TILLY. — Voir l'article, page 336.

Dix meurtres et une double arrestation

Jean Dauga

« C'est Jean Dauga qu'on le nomme
Cet assassin ! Ce voleur !
Ce monstre affreux, ce sans cœur,
Qui n'a plus rien de c' qu'a l'homme
Et qui commit en dix ans
Dix grands crimes effrayants ! »

Premier couplet de la *Complainte de Jean Dauga*,
sur l'air de *Fualdès*, 1889

Si Martin Dumollard peut se targuer d'être considéré comme le premier tueur en série français, un autre individu, encore plus prolifique, a jeté l'effroi dans de nombreuses communes de France, et en l'occurrence à Pont-à-Mousson dans la région lorraine.

De la mi-décembre 1888 à la mi-février 1889 en effet, la ville de Pont-à-Mousson et ses environs furent le théâtre d'une série d'assassinats qui horrifia la région. Le 18 décembre 1888, c'était un couple de brocanteurs, les époux Sulzer, qui succombèrent sous les coups d'un criminel ; le 5 février 1889, c'était au tour d'une marchande de bois et de charbon, Mme Ferry ; le 7 du même mois, une aubergiste, la veuve François. Le vol s'avéra chaque fois le mobile du crime. Un malfaiteur fut arrêté, au soir du 10 février : il se nommait Jean Dauga et passa à la postérité sous le nom de « l'homme à la pèlerine ».

L'homme était né le 8 mars 1849, à Larée, dans le Gers. Après son service militaire et quelques années supplémentaires dans l'armée, il avait choisi de reprendre la vie civile. En 1876, il épousa Eugénie Delpierre, originaire de Remiremont. Ensemble, ils vécurent presque deux ans à Paris. Puis, parce que son épouse était de santé délicate, ils revinrent sur son lieu de naissance.

En janvier 1880, Dauga trouva un emploi d'ouvrier lithographe aux imprimeries Mougin. Puis, au printemps de l'année suivante, il fit un court séjour dans le Sud-Ouest, pour effectuer treize jours de service militaire à Toulouse.

En revenant, il alla voir son père à Cutxau. Un crime y fut commis après un cambriolage. Dauga fut inquiété, jugé, et finalement acquitté, faute de preuves. Six ans plus tard, en 1887, Dauga avait quitté les imprimeries Mougin et connaissait de grosses difficultés financières. Il se rendit dans les Vosges pour y chercher du travail, et y fut suspecté non pas d'un mais de deux meurtres, l'un à Goldey, l'autre à Saint-Nabord, meurtres où le vol était là aussi le premier mobile. Mais les preuves manquaient toujours.

Vers la mi-avril 1888, il entra aux imprimeries ADT de Pont-à-Mousson. Il avait trouvé une chambre dans une pension, et attendait d'avoir un peu d'argent pour faire venir sa femme et ses deux enfants, alors à Remiremont. Ils arrivèrent le 15 juillet, et emménagèrent dans un nouvel appartement. Toutefois, le salaire de Dauga ne suffisait pas à nourrir sa famille et à payer le loyer. Les dettes s'accumulaient. Finalement, l'épouse retourna vivre chez ses parents, avec ses enfants, espérant que son époux lui envoie régulièrement de l'argent pour subvenir à ses besoins. Reste que Dauga, de son côté, « ne se refusait rien, faisait joyeuse vie », allait au café tous les soirs, prenait le train jusqu'à Nancy, y dînait au restaurant, fréquentait ces dames du bordel. Bref, il oubliait sa femme. Celle-ci revint le 16 décembre à Pont-à-Mousson pour lui réclamer de l'argent. Il n'en avait pas, mais assura que son patron lui en devait, qu'il en avait aussi prêté à son ancienne logeuse, qu'il irait réclamer son dû chez l'un et chez l'autre : en somme, elle pouvait repartir pour Remiremont tranquille.

Le 17 au matin, Jean Dauga partit donc à son travail. Au déjeuner, il revint voir sa femme et lui annonça que son patron était absent, mais reviendrait en fin d'après-midi. Elle n'aurait qu'à prendre le dernier train. Elle accepta. Lorsqu'il revint, vers 21 heures, il avait avec lui deux billets de 100 francs, somme qui correspondait à un mois et demi de salaire, plus 50 francs, en pièces. En cadeau, il lui avait aussi acheté un grand morceau d'étoffe. Quant aux pommes, elles avaient été offertes par Mme Malboz, sa logeuse, en remerciement. L'épouse s'en alla ravie. Le lendemain, les époux Sulzer étaient retrouvés égorgés dans leur boutique. Les poches des cadavres avaient été faites, et le tiroir-caisse vidé. L'argent que Dauga avait donné à sa femme, fruit du double meurtre, n'était qu'une partie de son butin. L'homme reprit alors sa « joyeuse vie » dans les restaurants et les bordels de Nancy, jusqu'au jour où l'argent manqua de nouveau.

Par ailleurs, ses patrons se plaignaient de lui depuis longtemps. À tel point qu'ils lui demandèrent de quitter l'entreprise. Le 26 janvier 1889, Dauga touchait sa dernière paye. Le lendemain, il passa la journée à Remiremont et donna quelques sous à son épouse, lui annonçant qu'il partait s'installer à Épinal où il disait avoir trouvé un autre emploi, aux imprimeries Pellerin. Mais lorsqu'il rentra à Pont-à-Mousson, il n'avait déjà plus d'argent pour s'acquitter de ses dettes, payer le transport de ces quelques effets pour Épinal et avancer le loyer de son prochain logement. Aussi se remit-il en quête d'une victime. Le 4 février, il arpentait les rues de Mousson. Pensant qu'une auberge était toujours pourvue d'argent, il envisagea d'en cambrioler une. Mais il ne voulait pas manquer son coup. Aussi s'attaquerait-il seulement à une femme, qu'il pouvait physiquement dominer. Chez les Freymann, le mari était présent. Chez Simothée, c'était le patron qui servait. Dauga laissa sa montre en gage, n'ayant plus d'argent pour payer son verre, promettant à l'aubergiste de revenir bientôt le régler. Il coucha au village, convaincu que c'était le lieu le plus approprié pour son prochain crime. Le lendemain, sans doute après avoir réfléchi, il décida de s'attaquer à des revendeurs de charbon. Dans la première entreprise qu'il visita, la femme était seule, certes, mais avait un enfant de quatre ans avec elle. Enfin, il entra chez Mme Ferry. Elle aussi fut égorgée, après avoir eu le crâne fracassé. Mais le butin fut maigre, à peine 100 francs en monnaie. Dauga désengagea sa montre, et retourna à Pont-à-Mousson s'acquitter d'une partie de ses dettes. Le lendemain 6 février, il n'avait déjà plus rien. Alors il erra dans la ville, à la recherche d'une autre proie. Son choix se porta sur la tenancière d'une auberge, Mme François. Il revint à la pension Malboz où il avait pris une chambre, accepta une partie de carte avec les pensionnaires, mais prétexta une affaire urgente à régler avant — il était aux environs de 21 heures. Une heure plus tard, il revenait et se mettait à la table de jeu. Dans ses poches, plusieurs dizaines de francs. La veuve François, qui avait résisté au malfaiteur avant de s'écrouler sous ses coups, n'avait pas non plus beaucoup d'argent sur elle.

Le lendemain, Dauga prenait la route d'Épinal. Il y fut arrêté. L'aubergiste Simothée avait donné l'alerte. Sur lui furent retrouvés un revolver, un rasoir à la lame émoussée avec des traces de sang et 63,55 francs ; à un de ses pantalons manquait un bouton – celui qui avait été retrouvé chez la veuve François. Dauga n'avoua jamais. Le procès s'ouvrit le 26 novembre 1889. Il dura sept jours. Un temps pendant lequel il ne fut question que d'argent, de sommes volées, de dettes, de dépenses, de noms de restaurants et de maisons closes. Le vol suivi de meurtre était le pire de tous les crimes pour ces Français du XIXe siècle. Jean Dauga fut condamné à mort. Sa grâce, à laquelle il crut jusqu'au dernier jour, lui fut refusée par Sadi Carnot. Il fut exécuté le 23 janvier 1890, en clamant son innocence, sous les huées de la foule venue le voir mourir. Ses restes ne furent pas réclamés par sa famille. Ils finirent disséqués par les étudiants de la faculté de médecine.

PARTIE 5

Île-de-France et Centre-Val de Loire

LES AFFAIRES CRIMINELLES DE LA RÉGION

1589

La fin d'une dynastie
sur un coup de poignard

Jacques Clément

1800

La terreur itinérante
de nos campagnes

Les chauffeurs d'Orgères

1825

La fin mystérieuse
d'un provocateur constant

Paul-Louis Courier

1901

Un massacre familial
au mobile flou

L'affaire Brierre

1909

Il était une fois... une empoisonneuse
pathologique

Marie Bourette

PENDANT CE TEMPS-LÀ EN FRANCE

1589

LE 1er AOÛT, à la suite du meurtre de Henri III, son cousin Henri de Navarre se déclare roi de France et prend le nom de Henri IV. Une grande partie des Français refusent de reconnaître ce prince protestant comme leur souverain. Ce n'est qu'après son abjuration de la foi protestante et son sacre à Chartres, le 27 février 1594, qu'il devient pour tous le roi de France.

1800

LE 24 DÉCEMBRE, alors que Napoléon Bonaparte s'est fait reconnaître consul à vie, les conjurés royalistes conduits par le général Cadoudal tentent de l'assassiner rue Saint-Nicaise à Paris. Si Bonaparte en réchappe, l'attentat fait 22 morts.

1825

LE 29 MAI, Charles X, frère puîné de Louis XVI et de Louis XVIII, se fait sacrer roi de France à Reims, selon le rituel de ses prédécesseurs. Il est le dernier roi sacré à régner en France.

1901

LE 1er JUILLET, dix jours après la fondation du parti radical et radical-socialiste, est votée la loi qui réglemente la liberté d'association. Au même moment est discuté le premier projet autorisant les femmes à participer au suffrage électoral.

1909

DU 12 AU 23 MARS, pendant que Blériot se prépare avec son *Blériot XI* à survoler la Manche, les postiers et télégraphistes organisent la première grève de la fonction publique.

La fin d'une dynastie sur un coup de poignard

Jacques Clément

« Ah, le méchant moine, il m'a tué ! »

Henri III à propos de son meurtrier

Alors que le XVIe siècle se couche sur le royaume de France et que les crimes de sang se succèdent, la dynastie des Valois semble ne plus tenir qu'à un fil – qu'un impitoyable moine, Jacques Clément, va s'empresser de couper. Avec l'assassinat d'Henri III, c'est le fil de la lignée capétienne des Valois que les Parques trancheront.

Durant l'été 1589, à Paris, dans l'atmosphère survoltée des guerres civiles et religieuses qui opposaient les Français depuis près de trente ans, un jeune moine jacobin de vingt-quatre ans, Jacques Clément, s'était convaincu que le roi de France, Henri III, devait mourir de sa main. Comme tous les membres du parti catholique, appelés les ligueurs, il soupçonnait – à tort – le monarque de flirter avec l'hérésie, parce que ce dernier, sans enfant et dans un esprit de légitimité, avait reconnu son cousin et premier prince du sang, Henri de Navarre, comme son successeur. Navarre était protestant et avait participé à de multiples combats pour imposer sa religion dans le royaume, ce que les ligueurs ne pouvaient supporter. Pour entraver la puissance de ceux-ci, le roi avait fait exécuter leurs chefs, Henri de Guise et son frère Louis, cardinal de Lorraine, en décembre 1588 à Blois. La réaction des ligueurs à ce casus belli fut à l'inverse de celle que le monarque espérait. Outre qu'ils se choisirent un nouvel homme parmi les Guise, Charles, duc de Mayenne, ils prirent les armes contre lui. Une guerre qu'ils accompagnèrent d'une propagande agressive qui accusait Henri III de tyrannie et qui encourageait son assassinat. Henri III connaissait ces projets, mais aucun n'entama sa détermination : en cet été 1589, il participait au siège de la capitale, alors aux mains de ses opposants, dans l'espoir de la reprendre et de rétablir sa pleine autorité sur le royaume et tous ses sujets. Le roi de Navarre et ses hommes le soutenaient dans cette entreprise.

Tout cela arriva aux oreilles d'un jeune homme, né vers 1567 dans l'Yonne, au sein d'une famille de paysans désargentés. Très pieux, le garçon était d'abord devenu moine dominicain au couvent des jacobins de Sens, avant de rejoindre le couvent des dominicains de Paris. Son investissement dans la lutte contre les hérétiques lui avait valu le surnom de « Capitaine Clément ». Jacques Clément se crut-il à même de contrecarrer l'ambition royale et, par son crime, de sauver la France et la religion catholique ? L'important à retenir est qu'il s'engagea à accomplir son attentat.

Le 31 juillet 1589, en début d'après-midi, ce religieux quittait Paris assiégé pour rejoindre le camp royal, positionné à Saint-Cloud. Il avait dans sa poche un sauf-conduit établi deux jours plus tôt par le comte de Brienne, Charles de Luxembourg, prisonnier des ligueurs. Clément lui avait déclaré avoir des renseignements précieux à communiquer au roi pour faciliter son entrée dans Paris. Brienne lui avait fait confiance et lui avait remis discrètement un passeport par lequel les capitaines royaux étaient tenus de le laisser passer.

Sur le chemin de Saint-Cloud, Clément rencontra le procureur général de Paris Jacques de La Guesle, et son frère Alexandre. Le moine lui expliqua sa démarche : il aurait été envoyé par le premier président du parlement, Achille de Harlay, et par d'autres officiers alors aux mains des ligueurs, pour donner Paris au roi. Ne doutant pas de ce religieux, La Guesle le fit monter en croupe derrière son frère et, ensemble, ils rejoignirent le logis royal. À Saint-Cloud, le magistrat l'interrogea de nouveau. Il vérifia le passeport et lut la lettre prétendument écrite par Harlay, qui suppliait Henri III de prêter foi aux paroles de cet envoyé. La Guesle estima la lettre authentique. Devant l'importance de l'information qu'il possédait, le magistrat souhaita que la rencontre soit discrète et partit trouver Henri III, mais celui-ci n'était pas dans ses appartements. Lorsque, en fin de soirée, Henri III fut averti de la présence du moine, il accepta de le rencontrer, mais le lendemain, au petit matin.

Il était aux environs de 7 heures, le 1er août, lorsque La Guesle et Clément entrèrent dans la chambre du souverain. Henri III était encore sur sa chaise percée et avait pour seule compagnie Roger de Bellegarde, premier gentilhomme de la chambre et grand écuyer du royaume. Vêtu d'une simple chemise et les chausses encore dénouées, le roi prit connaissance de la lettre et du passeport, puis, s'adressant à Clément, lui demanda ce qu'il avait de si important à lui communiquer.

Après avoir donné quelques nouvelles des soutiens du monarque prisonniers de ses opposants, Clément le pria de l'autoriser à lui parler en particulier. Malgré la réticence de La Guesle, le roi ordonna que le magistrat et son grand écuyer s'éloignent. Alors, feignant de vouloir lui parler à l'oreille, Clément sortit un couteau de sa manche – le respect de son habit lui avait épargné la fouille – qu'il planta aussitôt dans le ventre du souverain. Henri III cria, retira lui-même l'arme de son corps, puis se jeta sur son assassin, le blessant au visage. Au même instant, La Guesle et Bellegarde tentèrent de neutraliser le religieux ; alertés par les hurlements, une dizaine de gardes armés entrèrent à leur tour dans la chambre royale. Clément fut mis à terre. Il avait été exigé qu'on l'épargne pour l'interroger et connaître ses complices. Dans la mêlée, il fut toutefois assassiné. Qui porta le coup ? Pourquoi ? Y avait-il d'autres complices ? Un serviteur zélé, comme on le dit, fut-il responsable de cette mort ? Était-ce Jean de Lévis, sieur de Mirepoix, comme il l'a été encore écrit ? L'histoire ne le dit pas. On sait seulement que le cadavre de Clément fut porté dans un cabinet adjacent à la chambre royale, qu'il fut fouillé puis jeté par la fenêtre avant de s'écraser dans la cour. Pendant ce temps, Henri III perdait beaucoup de sang. Les chirurgiens, dont le Dr Portal, examinèrent la blessure, profonde et large. Pour autant, après l'avoir pansée, ils assurèrent que le roi n'en souffrirait plus dix jours après.

Afin de couper court à toute rumeur qui pourrait engendrer d'autres tumultes à travers le royaume, Henri III fit rédiger plusieurs lettres à l'attention de ses gouverneurs, de ses bonnes villes, de ses baillis et sénéchaux, pour qu'ils lui restent fidèles, lui-même se montrant optimiste sur son état. Puis il reçut Henri de Navarre, qu'il avait fait mander, et qui logeait à Meudon avec ses troupes. Devant toutes les personnes présentes, Henri III le reconnut, une fois de plus, comme son futur héritier, l'implorant cependant de se convertir à la foi catholique.

La blessure aurait peut-être pu guérir. Mais les médecins imposèrent au roi un lavement à base de tabac. Or la perforation des intestins avait été constatée. Une bonne partie du liquide se répandit dans l'abdomen, provoquant une péritonite qui précipita la fin du roi. Le souverain passa ses dernières heures entouré de ses amis : le duc d'Épernon, François d'O, et son ultime favori, Roger de Bellegarde. D'autres officiers les accompagnaient. Selon le récit officiel, Henri III décéda en roi de France et en catholique exemplaire, conscient jusqu'au dernier moment, ne pensant plus qu'à Dieu et à son salut. Modèle de piété toute sa vie, il se devait de l'être jusqu'à son dernier souffle : un discours qui permettait aussi de mettre fin à ces rumeurs de conversion au protestantisme que les ligueurs avaient entretenues pour le discréditer davantage. Le roi décéda vers 2 heures du matin, le 2 août 1589 ; quant au futur Henri IV, il ne revit pas le roi vivant. La légende qui fait mourir Henri III en sa présence fut inventée bien plus tard. Lorsque Navarre arriva, tout était déjà fini. Une nouvelle page s'ouvrait pour lui et pour la France.

La dynastie des Valois s'était éteinte dans le sang, mais les ligueurs, qui fêtèrent par des feux de joie la mort de leur ennemi, ne purent empêcher l'avènement d'Henri de Navarre. Après avoir hésité, celui-ci finit par se convertir au catholicisme en juillet 1593 et, par l'édit de Nantes, réussit à pacifier cette France qui s'était déchirée si longtemps au nom d'un même Dieu.

LES « CHAUFFEURS » D'AUTREFOIS
Comment procédaient les bandits d'Orgères

La terreur itinérante de nos campagnes

Les chauffeurs d'Orgères

« Quiconque aura été condamné à mort pour crime d'assassinat, d'incendie ou de poison, sera conduit au lieu de l'exécution revêtu d'une chemise rouge. »

Extraits du *Jugement rendu par le tribunal criminel du département d'Eure-et-Loir, contre les brigands de la bande d'Orgères*, Chartres, An IX (1800-1801)

L'affaire qui va suivre étonne par sa durée – plusieurs années – et le nombre de criminels impliqués dans les méfaits qui s'abattirent sur la province beauceronne durant la période révolutionnaire.

Le 1er décembre 1796, le Directoire, ce conseil de cinq membres qui gouvernait alors l'État français, annonçait à la Chambre des députés que des criminels d'un nouveau genre compromettaient la sécurité du pays. Il ne s'agissait plus d'ennemis de la Révolution, ni même de révolutionnaires ennemis des Français, mais de brigands appelés « chauffeurs » parce qu'ils n'hésitaient pas à brûler les pieds de leurs victimes pour connaître l'endroit où celles-ci dissimulaient leur trésor. Il ne s'agissait pas de malfaiteurs isolés, mais de bandes organisées et nombreuses, dispersées sur presque tout le territoire, notamment au nord de la Loire. Il fallait agir et sévir.

Le phénomène avait commencé un an plus tôt, en novembre 1795, dans une auberge du département du Nord, à La Houlette. Là avaient été retrouvés neuf cadavres, dont une enfant de quelques mois. La demeure avait été fouillée de fond en comble, et le propriétaire avait eu les jambes brûlées. Un an plus tard, dans le même département, c'était un notaire qui avait été surpris dans son château et qui fut retrouvé mort, torturé de la même façon. Au même moment, en Flandre, vingt et une personnes reconnues coupables de brigandage et de meurtre étaient exécutées en place publique. Plus à l'ouest, dans le Maine-et-Loire, près de Candé, vingt-cinq individus faisaient le siège d'une ferme isolée, pour voler, violer et tuer les occupants. Dans l'Eure, c'était la bande dite de Robillard qui semait la terreur dans tout le département. En Indre-et-Loire, à l'automne 1796, une autre bande pénétrait chez un riche fermier de la commune de Vermantes, qui fut, lui, jeté à quatre reprises dans le foyer de la cheminée de la cuisine avant d'avouer où était dissimulé son argent. Cette fois, l'enquête fut rapide et efficace ; deux voleurs furent arrêtés, treize autres les suivirent, d'abord au tribunal, ensuite sur l'échafaud pour certains d'entre eux, car le fermier avait été finalement assassiné. Cinq jours plus tard, le Directoire publiait son communiqué.

Un message qui eut son effet. Une nouvelle loi fut votée. Elle condamnait à mort les chauffeurs qui auraient exercé des violences laissant des traces sur les corps des victimes. Jugée insuffisamment rigoureuse, une autre suivit de près. Elle prononçait la peine de mort dans presque tous les cas de violence exercés par ces chauffeurs, et, pour rapidement juger ces malfaiteurs, ordonnait la création de tribunaux d'exception.

Cette sévérité accrue de la loi n'empêcha pas les chauffeurs de poursuivre leurs méfaits. Reste que, de toutes ces bandes, l'une se signala par sa redoutable organisation. Elle était dirigée par celui que l'on appelait « le Beau François », une sorte de double du célèbre Cartouche, mais en plus violent.

Raconter par le menu les atrocités de cette bande nous mènerait bien trop loin. Mais elles peuvent être résumées ainsi : ce fut par l'assassinat de deux riches bourgeois dans les environs de Chartres que cette bande se manifesta pour la première fois, au printemps 1795. L'un des cadavres avait été arrosé de suif. Quelques mois plus tard, François et ses compagnons, soit trente-deux hommes dont seize à cheval, mettaient à sac un château et sa ferme près d'Orléans. La violence de l'attaque fut telle qu'une des domestiques, qui avait pu se protéger des assassins, en perdit la raison.

Pendant trois ans, des faits similaires se répétèrent dans toute la région. Au commencement de 1798, ces chauffeurs attaquèrent une des nombreuses fermes isolées qu'ils affectionnaient, la ferme Millouard, située non loin d'Orgères, à une vingtaine de kilomètres de Châteaudun. Au milieu de la nuit, ils défoncèrent la grande porte qui ouvrait sur la cour intérieure de la maison fortifiée. Le fermier eut aussi les pieds brûlés avant de mourir. Il serait leur dernière victime.

Un maréchal des logis nommé Vasseur s'était mis en tête de délivrer seul la région de ces chauffeurs. Moins d'un mois après l'affaire Millouard, il apprit que, dans les environs, un homme, une femme et leurs enfants, d'allure très suspecte, ne cessaient de rôder autour de certaines maisons. Il envisagea d'interroger ces prétendus mendiants, visiblement en quête d'un mauvais coup. Le lendemain, il faisait arrêter le couple et les trois enfants, pour les mener devant le juge de paix. La prise était bonne. L'homme était l'un des plus redoutables brigands de la bande du Beau François. Il se faisait appeler le Borgne de Jouy. Celui-ci fit peu à peu des révélations de plus en plus précises. La bande se composait alors d'environ cent cinquante hommes, auxquels il fallait ajouter les femmes et les enfants. Car de nombreux gamins grouillaient parmi ces troupes. Agiles, souples, alertes, ils se glissaient partout facilement, pouvaient grimper le long des murs, sur les toits, entrer dans les maisons par de petites fenêtres, et cambrioler aussi bien qu'un adulte. Ce fut pour cette raison qu'une petite Manette, âgée de neuf ans, avait été tuée par le coup de fusil d'un propriétaire qui l'avait surprise à voler chez lui, tout comme le « petit gars d'Étrechy » – dont le squelette fut montré à tous lors du procès, comme pièce à conviction. Des enfants que l'on n'éduquait pas seulement à voler, un « curé » leur apprenant aussi le bon Dieu, la lecture et l'écriture.

Accompagné de son précieux indicateur qu'il déguisait en gendarme, Vasseur et son auxiliaire, Armand Fougeron, juge de paix à Orgères, sillonnèrent le pays. Le Borgne de Jouy leur indiqua chaque paysan, chaque ouvrier ayant fait ou faisant toujours partie de la bande. Vasseur en arrêta une centaine. Après un mois de cette collaboration, Vasseur mit la main sur le Rouge d'Auneau, un des lieutenants du Beau François, puis ce fut au tour du Borgne du Mans, qui avait conduit l'attentat contre la ferme Millouard.

Devant ces résultats, le pouvoir ne put refuser à Vasseur ce qu'il demandait depuis longtemps : un détachement de hussards qui fut mené par le Borgne de Jouy jusqu'au bois de Méréville, où la bande avait son camp. Un coup de filet audacieux qui se couronna par un succès en quelques heures. Plus de sept cents personnes furent ainsi arrêtées. Les prisons de Chartres étaient pleines et ce ne furent pas les soixante-quatre individus qui se donnèrent la mort qui firent plus de place aux autres. Cette promiscuité permit toutefois plusieurs évasions, et notamment celle du Beau François, dont on perdit ensuite et pour toujours la trace.

L'instruction du procès de ces contrevenants de longue date dura un an et demi. Devant la masse de détenus, il était impossible de juger tout le monde. Aussi, l'immense majorité d'entre eux recouvra la liberté contre une amende et la promesse de ne plus recommencer. Le procès s'ouvrit à Chartres le 17 mai 1800. Reste que le tribunal criminel eut tout de même à juger quatre-vingt-deux chauffeurs, dont trente-sept femmes. Le procès s'avéra exceptionnellement long : cent trente-quatre jours ; défilèrent à la barre des témoins cinq cent quatre-vingt-quatorze personnes, et les jurés durent répondre à soixante-dix-huit mille questions. Un procès-fleuve qui aboutit à la condamnation à mort de vingt hommes et de trois femmes. Pour service rendu, le Borgne de Jouy, de son vrai nom Germain Bouscant, n'eut que vingt-quatre mois aux fers. Les autres furent acquittés.

Le jour de l'exécution, le 3 octobre 1800, il n'y eut plus que vingt et une personnes à perdre la tête, deux s'étant probablement suicidées entre-temps. Quant au Beau François (de son vrai nom François Pelletier), malgré son absence, il eut droit lui aussi à son procès : il fut jugé et condamné par contumace trois ans plus tard. La sentence étant la mort, il fut symboliquement exécuté, sous la forme d'un mannequin, sur la place du marché aux chevaux de Chartres. Selon certaines sources, il serait mort en novembre de la même année bien mystérieusement ; selon d'autres, il aurait poursuivi sa vie, se serait battu en soldat prussien durant les combats napoléoniens avant de mourir miséreux en septembre 1824.

Reste que ce procès exemplaire par l'importance de cette bande que l'on n'appela plus que « la Bande d'Orgères » n'entrava pas l'activité des autres. Pour autant, la poursuite de la répression finit par faire son œuvre, car bientôt il ne fut plus question de chauffeurs en France. L'organisation nouvelle de la police sous l'Empire, par le ministre Fouché, y fut-elle pour quelque chose ? On le dit.

La fin mystérieuse d'un provocateur constant

Paul-Louis Courier

« L'ancien officier des guerres de l'Empire
venait de trouver, dans son propre domaine,
le genre de mort auquel il avait échappé miraculeusement
au cours de ses campagnes en Calabre. »

Extrait de *La Vie et la Mort tragique de Paul-Louis Courier*,
Robert Gaschet, Paris, Garnier Frères, 1923

Si la France connaît ou a connu le grand penseur et auteur qu'était Paul-Louis Courier, ce n'est pas toujours pour ses mots et ses idées, mais pour sa mort énigmatique liée à de probables motivations politiques.

Né en 1772, il était le fils d'un propriétaire de Touraine. On ignore qui fut sa mère. La tradition veut que, par sa charge de lieutenant des chasses du duc d'Olonne, son père fut l'amant de la femme de ce noble. Paul, qui vécut toujours avec son père, a peut-être été le fruit de cet adultère. Si l'on en sait peu sur ses origines, il faut souligner que Paul-Louis Courier fut d'abord un excellent étudiant, parlant le grec moderne et le grec ancien, mais aussi le latin, l'italien et l'anglais. En 1791, il entrait à l'école d'artillerie. Puis, embrassant les idées révolutionnaires, il mena une carrière militaire rapide et brillante. Il fut de la campagne d'Italie en 1798, et revint régulièrement ensuite dans ce pays sous le règne de Napoléon Ier. Ses états de service lui valurent de faire partie de la première promotion à recevoir la Légion d'honneur, mais il n'abandonna jamais l'étude et traduisit pour le plaisir Xénophon et Isocrate. Toutefois, l'homme était resté républicain et, pour cette raison, sans doute, il ne fut jamais élevé au grade de général, et ne fut pas non plus gratifié d'un poste prestigieux ni d'un titre de noblesse d'Empire.

À la chute de Napoléon Ier, Courier se retira sur les terres de son enfance, qu'il géra maladroitement. Il s'était aussi marié, avait eu deux enfants, mais les relations avec son épouse s'avérèrent rapidement compliquées et de cette union matrimoniale il ne resta bientôt que le nom et les convenances. En outre, s'il plaça un temps ses espoirs en Louis XVIII et en la charte que celui-ci promulgua pour, à terme, établir une monarchie constitutionnelle à l'anglaise, il fut rapidement déçu. Il s'irrita des revendications d'hommes du passé qui donnaient de la voix, ces individus qui avaient quitté la France depuis plus de vingt ans parfois et qui ne l'avaient pas vue changer – comme ce maire de Luynes qui, le 1er janvier 1816, fit brûler en place publique le drapeau tricolore – ou ces autres Français nostalgiques d'un pouvoir autoritaire impérial impossible à rétablir au regard des puissances étrangères qui occupaient alors la France.

Feignant de croire au droit de pétition que donnait cette fameuse charte, Paul-Louis Courier devint l'un des plus grands pamphlétaires de la Restauration et, évidemment, fut vilipendé pour cela, autant par les ultra-royalistes que par les bonapartistes haineux. Parce qu'il avait publié plusieurs de ses traductions et que celles-ci avaient été remarquées – n'avait-il pas été le premier traducteur de *Daphnis et Chloé* de Longus ? –, il crut pouvoir accéder aux honneurs de l'Institut de France en 1819. Mais l'Académie ne voulut pas de lui, le jugeant trop subversif, trop républicain. Il ne lui restait plus qu'à jouir de son talent de polémiste. Dans *Le Censeur européen*, il défia ouvertement le pouvoir et le ministre Decazes. Un peu plus tard, il critiqua avec la même verve et le même talent le cadeau par Louis XVIII du château de Chambord au très jeune duc de Bordeaux, prétendant au trône de France. Un geste qui, à ses yeux, n'était qu'une nouvelle tentative orchestrée par ces ultras revanchards pour rétablir l'Ancien Régime. Ses mots le menèrent en prison après une condamnation proclamée le 28 août 1821. Deux mois de détention pour avoir exprimé ses idées. Deux mois qui lui assurèrent aussi sa renommée. De l'érudit connu de quelques-uns, du pamphlétaire anonyme deviné par quelques autres, Courier devint le symbole de la réaction républicaine face à la dérive de plus en plus autocrate de la Restauration.

De retour dans son domaine tourangeau, et ne dissimulant plus, non plus, son anticléricalisme, il se mit à dos le curé d'Azay. Celui-ci avait en effet cru bon de demander au préfet, comme au bon vieux temps de la puissance catholique dans les provinces de France, de faire interdire aux habitants du département de danser le dimanche et à toutes les autres fêtes religieuses – jours qui ne pouvaient être, selon lui, que consacrés à Dieu et à la prière. Courier s'indigna de cette autorité inconvenante, faisant fi de la liberté de croire ou de ne pas croire. Il incita le peuple à la révolte, rappelant que Dieu n'était rien pour beaucoup et qu'il existait aussi des juifs et des protestants en France avec leur liberté de culte, et que tous ceux-là ne pouvaient être soumis aux injonctions d'un curé. Il fut menacé une seconde fois d'emprisonnement. Silencieux pendant quelques semaines, il se remit à écrire, à critiquer le pouvoir monarchique, à s'en prendre davantage aux représentants de l'Église catholique. Son texte le plus virulent fut sans aucun doute *Le Pamphlet des pamphlets*, qu'il publia sous le nom de « Vil Pamphlétaire » en 1824. Tant de colère en lui, tant de colère autour de lui

– il s'était fâché avec plusieurs de ses employés, mais aussi avec ses voisins –, tant de colère contre lui. Il fut retrouvé, le 10 avril 1825, sur un chemin dans sa forêt de Larçay, face contre terre, baignant dans son sang, détrempé par la pluie. Il avait été tué par une balle à bout portant.

Évidemment, il y eut une enquête. Son garde-chasse et cinq autres individus avec qui Courier avait eu des mots furent un temps inquiétés. La gendarmerie pensa à un guet-apens. Mais ces hommes furent mis hors de cause. Finalement personne ne sut comment l'un des esprits les plus vifs du début du XIXe siècle avait été assassiné. L'opinion libérale entretint le soupçon qu'il avait été exécuté par la police secrète du nouveau souverain, successeur de son frère, Charles X. Une rumeur infondée. Courier était agaçant, certes, mais pas assez puissant pour qu'un souverain risque de passer pour un tyran si la chose était connue et prouvée.

Douzième Année. — N° 542. Huit pages : CINQ centimes. Dimanche 5 Mai 1901.

LE PROGRÈS ILLUSTRÉ

Léon DELAROCHE Fondateur — Supplément littéraire du « PROGRÈS DE LYON » — Léon DELAROCHE Fondateur

ABONNEMENTS

	SIX MOIS	UN AN
Lyon, Rhône et limitrophes	2f. »	3f.50
Hors de ces départements	2 50	4 50

ADMINISTRATION ET RÉDACTION
85, Rue de la République, 85
ADRESSER LES CORRESPONDANCES ET ABONNEMENTS
À M. L'ADMINISTRATEUR

LES ANNONCES
sont reçues directement aux Bureaux du Journal
ET DANS TOUTES LES AGENCES DE PUBLICITÉ
De France et de l'Étranger.

LE CRIME DE CORANCEZ : La Confrontation

Un massacre familial au mobile flou

L'affaire Brierre

« — Comment le croire capable d'un pareil crime, dit une de ses voisines immédiates, Mme Ballet, il adorait ses enfants. »

Le Figaro,
25 avril 1901

Le 22 avril 1901, la ville de Chartres s'éveille dans la stupeur. Tout près, dans le village habituellement paisible de Corancez, un crime épouvantable vient d'être commis. Les cinq enfants de Louis-Édouard Brierre, veuf, cultivateur et entrepreneur de battage, ont été massacrés dans la ferme familiale. Celle-ci se situe à l'extrême bout du village.

Le drame eut lieu dans la nuit du dimanche au lundi, alors que Brierre avait laissé ses enfants à la maison pour passer la soirée au café. Pendant son absence, deux hommes s'étaient introduits dans la propriété, par la porte donnant sur les champs. Pour faire taire le chien, Ravachol, un petit corniaud dont la niche était à proximité de l'entrée du logis, ils l'avaient d'abord assommé, puis lardé de coups de couteau. Enfin, dans la maison, ils s'étaient dirigés vers les chambres où dormaient les enfants. Dans la première, trois d'entre eux furent tués dans leur sommeil, le crâne fracassé par une masse – le sang et des morceaux de cervelle avaient giclé partout –, puis égorgés à l'aide d'une lame de couteau. Les deux autres, dans une pièce adjacente, connurent le même sort.

Les meurtriers, désormais libres de fouiller la maison, avaient ouvert tous les placards, les armoires et les tiroirs des commodes. Ils auraient volé pour plus de 1 500 francs en billets. Ils étaient encore en train de piller les lieux lorsqu'ils entendirent Brierre rentrer. Ils prirent peur, s'attaquèrent au propriétaire. L'un, un homme de petite taille, tenta de le poignarder ; Brierre se défendit. L'autre homme sortit son complice de ce mauvais pas en infligeant plusieurs coups de couteau à Brierre, le blessant à la tête en plusieurs endroits. Dans la lutte, Brierre perdit ses sabots, sa casquette et sa cravate, qui furent retrouvés le lendemain dans la cour. Après être resté plus de deux heures évanoui, le cultivateur se traîna jusque dans la rue pour appeler au secours. Des voisins accoururent, le portèrent dans la cuisine, découvrirent le carnage, appelèrent la gendarmerie. Voilà l'histoire telle que les Chartrains se la racontèrent, ce 22 avril. Cette version était celle que Louis-Édouard Brierre donna aux autorités venues l'interroger sur son lit d'hôpital.

Dans le village, tous plaignirent ce pauvre homme, qui, bien que veuf, tenait admirablement sa maison et s'occupait avec tant d'amour de ses enfants. Il n'était pas un père pour eux, mais une vraie mère ! Brierre fut soigné par le Dr Bouchard, qui assura que les blessures étaient graves, certes, mais qu'il en guérirait. Ce fut ce même médecin qui fut chargé de l'autopsie des cinq enfants. Il confirma « scientifiquement » ce que les enquêteurs avaient déjà notifié dans leur compte rendu.

Pourtant, Brierre parut très vite suspect aux gendarmes, qui, après avoir fouillé la maison, retrouvèrent un des gilets du cultivateur, taché de sang et roulé en boule sous un tas de fumier, et le couteau qui avait servi au massacre. Ils dénichèrent aussi, sous une pile de draps, 600 francs. Enfin, ils apprirent que notre homme avait une maîtresse depuis plusieurs années. Avait-il le désir de refaire sa vie sans s'embarrasser d'un passé encombrant et que ses enfants incarnaient ? Toujours est-il qu'il fut arrêté le 24 avril, et inculpé pour homicide volontaire sur cinq enfants. Brierre ne voulut pas les voir avant leur inhumation, le 25, ce qui étonna encore. Pour l'enterrement, sa fille aînée, Germaine, qui vivait à Paris, fit le voyage. Elle fut interrogée. Elle montra une lettre de son père, qui lui demandait de revenir à la maison – lettre qui fut versée au dossier de l'accusation. Le mobile se dessinait. Brierre aurait eu l'intention de tuer tous ses enfants. Toutefois, sa fille aînée ne cessa de le défendre. Jamais elle ne put imaginer son père capable d'un tel acte, acte qu'il continuait de nier. La maîtresse fut recherchée. Il s'agissait d'une voisine qui se nommait Véronique Lubin. Le 26 août, elle avoua que leur relation avait débuté bien avant la mort de la mère des enfants.

Les Français se passionnèrent pour cette histoire sordide. Tous les dimanches, on venait à pied ou à vélo voir la maison du quintuple meurtre. Certes, peu à peu, Brierre était devenu le « boucher » pour tout ce voisinage qui l'avait tant loué au début de l'affaire, et aussi pour une grande partie de l'opinion publique. En revanche, la presse, qui s'était aussitôt emparée de cette histoire et qui avait suivi presque quotidiennement l'évolution de l'enquête, se désespérant parfois de sa lenteur, avait assez rapidement pris la défense de l'accusé. Elle dénonçait les maladresses des enquêteurs, leur légèreté et leurs oublis, comme celui de n'avoir jamais recherché les empreintes digitales sur le couteau alors que la technique était déjà très au point. Les journaux pointèrent en sus les incohérences des témoignages. Pour ces raisons, les journalistes se présentèrent nombreux à l'ouverture du procès à la cour d'assises de Chartres, le 15 décembre 1901, ainsi que les curieux, qui, malgré le froid, attendaient pour pouvoir entrer dans le tribunal, ou espéraient seulement apercevoir « le père assassin ».

Brierre avait toujours clamé son innocence et continua de le faire tout au long des audiences. À la lecture du récit des événements, il pleura, comme il pleura régulièrement pendant les neuf jours qui le séparaient du verdict. L'accusation avait appelé quarante-neuf témoins à la barre, la défense quarante-deux, mais beaucoup ne s'étaient pas présentés. Et ceux qui vinrent témoigner ne firent qu'affirmer des banalités, accablant maintenant Brierre de tous les vices, évoquant ses difficultés financières. En outre, les preuves manquaient. Il n'y avait que des témoignages concordants, invérifiables. Finalement, les jurés le déclarèrent coupable et Brierre fut condamné à mort. Le président de la République, Émile Loubet, farouche opposant à la peine de mort, le gracia le 1er février 1902, commuant sa condamnation en peine de travaux forcés à vie.

Brierre séjourna d'abord au bagne de Saint-Martin, dans l'île de Ré, avant de prendre la route pour la Guyane en janvier 1903. Jamais il ne cessa de clamer son innocence. Jamais il ne cessa de correspondre avec sa fille Germaine ; toujours, celle-ci crut son père ; toujours, elle pensa possible la révision du procès. En Guyane, Brierre rédigea un mémoire, sa version de l'histoire. Le quotidien *Le Petit Parisien* le publia dans son intégralité en février 1909.

Et si Brierre était réellement innocent ? Outre que cette publication amena la rédaction de ce journal à soutenir une révision du procès, un projet auquel s'associèrent d'autres journalistes, dont ceux du *Matin*, elle permit de remettre sur la table le dossier brûlant de l'abolition de la peine de mort. Mais il n'y eut pas de révision. Brierre décéda au bagne, le 28 mars 1910. Sa dernière lettre fut pour sa fille, il y criait toujours son innocence. Le mystère reste entier.

SIXIÈME ANNÉE. — N° 220 | PARAIT LE JEUDI | 6 Janvier 1910.

Les Faits-Divers Illustrés

Les Événements les plus récents. — Les Romans les plus célèbres.

4 ROMANS | RÉDACTION & ADMINISTRATION 4, rue de la Vrillière, PARIS (1er) Les manuscrits non insérés ne sont pas rendus | 12 PAGES ILLUSTRÉES EN COULEURS | ABONNEMENT D'UN AN : FRANCE : 6fr — ÉTRANGER : 8fr On s'abonne sans frais aux bureaux du journal et dans tous les bureaux de poste | LE NUMÉRO 10 cent

UN MONSTRE

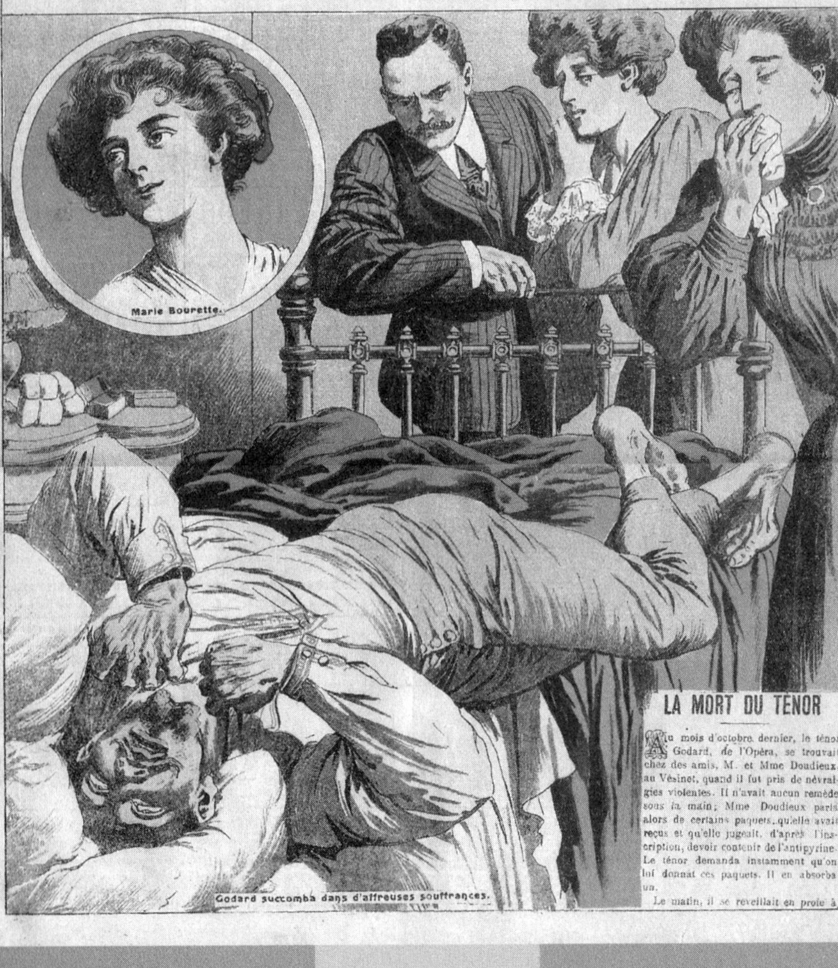

Marie Bourette.

Godard succomba dans d'affreuses souffrances.

LA MORT DU TÉNOR

Au mois d'octobre dernier, le ténor Godard, de l'Opéra, se trouvait chez des amis, M. et Mme Doudieux, au Vésinet, quand il fut pris de névralgies violentes. Il n'avait aucun remède sous la main ; Mme Doudieux prit alors de certains paquets qu'elle avait reçus et qu'elle jugeait, d'après l'inscription, devoir contenir de l'antipyrine. Le ténor demanda instamment qu'on lui donnât ces paquets. Il en absorba un.

Le matin, il se réveillait en proie à

Il était une fois... une empoisonneuse pathologique

Marie Bourette

« Lorsqu'il rentrera chez lui, le soir, au Vésinet,
il y aura parfois auprès de lui, tapie dans l'ombre,
sans qu'il s'en doute, Marie Bourette
qui le guettera. »

Extrait d'un article de Georges Claretie,
Le Figaro, 12 juillet 1910

Une affaire d'empoisonnement a pris une ampleur inattendue durant la Belle Époque. Elle concerne une vendeuse de vêtements féminins, Marie Bourette, et un jeune artiste lyrique belge, une étoile montante de la scène parisienne, du nom de Jules Godart.

Tout a commencé par un étrange cadeau reçu par les époux Doudieu dans leur joli pavillon au Vésinet. Rentrant d'un voyage, à la fin de septembre 1908, ils découvrirent un présent d'un expéditeur anonyme – des chocolats d'un grand confiseur de la place du Havre à Paris. Étonnés mais ravis, ils voulurent les goûter. Mais chacun des bonbons contenait un liquide étrange. Suspicieux, ils mirent la boîte de côté.

Le lendemain, M. Doudieu se rendait à ses bureaux, rue de Rome. Il fit une halte chez le chocolatier. L'homme examina les chocolats et assura qu'ils ne venaient pas de chez lui, malgré l'emballage. Il en ouvrit un, le sentit, le trouva suspect et conseilla à Doudieu d'aller faire analyser les autres au laboratoire municipal, près de chez lui. Le résultat lui fut donné quelques heures plus tard : les bonbons contenaient de l'arsenic. Ils furent jetés. Une semaine plus tard, une lettre anonyme arrivait au domicile des Doudieu. Elle était adressée à monsieur. L'auteur lui reprochait d'avoir épousé une femme qui n'était pas pour lui, l'avertissait qu'il y en avait une autre qui l'attendait et qui le rendrait bien plus heureux. Mme Doudieu conserva la lettre. Un an passa sans qu'aucun autre événement notable ne vînt troubler le ménage.

Un soir de septembre 1909, rentrant à leur domicile, les époux Doudieu furent surpris de trouver sur le palier un paquet provenant de chez un pharmacien, avec une ordonnance et les produits suivants : deux comprimés d'antipyrine, un sachet de têtes de camomille et un autre de sels de Vichy-État. Ils crurent à une méprise, le coursier avait dû se tromper d'adresse. Mme Doudieu n'en fit pas cas, rangea le paquet dans un placard avec l'intention toutefois de le rapporter. Mais elle l'oublia.

Un mois plus tard, pour le week-end, les mêmes Doudieu recevaient dans leur maison du Vésinet un couple d'amis dont le mari était ténor. Il se nommait Jules Godart, et sa carrière prometteuse laissait envisager sous peu une renommée internationale. L'après-midi du samedi, ils assistèrent près de Juvisy à des exhibitions aériennes. Le soir, Godart eut de forts maux de tête. À la maîtresse de maison il demanda un cachet de pyramidon. Elle lui répondit ne pas en avoir, mais se souvint des cachets d'antipyrine et les lui proposa. Le ténor les refusa, habitué à son remède. Mais le mal persistait. Au milieu de la nuit, ne pouvant dormir, il avala les deux cachets. À son réveil, il avait la gorge en feu et de la fièvre. Le médecin fut appelé. Il diagnostiqua une indigestion et prescrivit un purgatif. Godart alla mieux un temps, mais vers 15 heures, les douleurs reprirent, plus intenses. Il ne put atteindre sa chambre et décéda dans l'escalier. Le médecin, rappelé, affirma que le chanteur était mort d'une urémie foudroyante, à cause du refroidissement de la veille. Il fut enterré en Belgique d'où il était originaire.

Cette tragédie était à peine passée que les époux Doudieu reçurent un nouveau paquet. Des moules provenant de Caen. L'expéditeur était un ancien collègue de M. Doudieu, M. Larue. Mais les deux hommes ne s'étaient pas revus depuis au moins un an, et s'étaient quittés fâchés. Les époux Doudieu se rappelèrent les chocolats, et allèrent faire analyser les moules. Elles aussi étaient pleines d'arsenic. L'inquiétude grandit dans la maison du Vésinet, mais aucun des époux n'avertit encore la police.

Fin novembre de la même année, à Paris, par la fenêtre du fiacre, M. Doudieu reconnut sur le trottoir une ancienne connaissance, qu'il salua discrètement. Celle-ci le dévisagea durement et lui tourna le dos. Deux jours plus tard, Doudieu recevait un courrier de cette personne, qui s'excusait de son comportement et le suppliait de ne pas lui en tenir rancune. Elle se nommait Marie Bourette. L'écriture de cette femme ne lui semblait pas inconnue. Il compara la lettre de Marie Bourette avec la lettre anonyme de septembre 1908 que sa femme avait conservée. Il n'y avait pas de doute, l'écriture était la même. Ils se souvinrent alors de l'ordonnance, et en firent l'étude. Elle aussi avait été écrite par Marie Bourette. Les produits de la pharmacie étaient-ils empoisonnés, comme les chocolats et les moules ? Ils furent analysés : résultat positif. Une nouvelle qui changeait tout. Jules Godart avait peut-être été assassiné ! M. Doudieu alla aussitôt à la police, et raconta toute l'histoire. Le commissaire lança une enquête, obtint un mandat de perquisition pour visiter l'appartement de Marie Bourette au 234, boulevard Voltaire. Ils y trouvèrent un tas de brouillons de lettres anonymes, des cachets d'antipyrine, des têtes de camomille, des sels de Vichy-État et une fiole emplie d'un liquide suspect. De l'arsenic.

Marie Bourette fut aussitôt arrêtée, et il fut ordonné d'exhumer le corps du ténor en Belgique. Ses viscères furent examinées. Elles contenaient suffisamment d'arsenic pour donner la mort.

Incarcérée à la prison de Saint-Lazare, Marie Bourette nia tout. Elle ne connaissait pas le chanteur, n'avait jamais cherché à le tuer. Quant à M. Doudieu, elle l'avait rencontré en 1901, lorsqu'elle travaillait au rayon lingerie des Grands Magasins du Louvre et qu'il passait voir ses clients. Ils s'étaient fréquentés un peu. Elle n'avait pas voulu être sa maîtresse. Ils ne s'étaient plus revus. M. Doudieu confirma ces dires. Elle était restée célibataire, lui s'était marié en 1903. Cependant, quelques jours après le mariage, il avait commencé à recevoir des lettres anonymes qui insultaient son épouse, lui laissant croire qu'elle n'était pas une femme pour lui, qu'elle le trompait. Doudieu n'en parla jamais à sa femme, jusqu'à l'affaire des produits empoisonnés.

Le procès s'ouvrit le 12 juillet 1910. Marie Bourette avait pris pour avocat Me Henri-Robert, l'homme qui avait fait acquitter, lors de son premier procès, Jeanne Weber, la tueuse d'enfants de la Goutte-d'Or. Leur stratégie fut la même : nier. Le crime par empoisonnement était vu comme le plus odieux, car toujours prémédité. Mais pour qu'il y ait condamnation, il était nécessaire que l'accusé ait eu l'intention de donner la mort, que la victime ait absorbé le poison et que la dose ingurgitée soit mortelle. Si l'une de ces conditions manquait, il n'y avait plus crime par empoisonnement. Or les cachets qui avaient tué le ténor, bien que livrés par Marie Bourette selon les témoignages du voisinage des Doudieu, n'avaient pas été administrés par elle. Le chanteur les avait pris de sa propre initiative, après avoir été informé de leur existence par Mme Doudieu.

Reste que le personnage de Marie Bourette, au fur et à mesure des audiences, devint détestable aux yeux de tout le monde. Les témoignages étaient accablants. Aux Grands Magasins du Louvre, elle agressait clients et employés. Licenciée en 1907 pour vol, elle avait accusé par un flot de lettres anonymes une de ses collègues, Mme Chiappe. Elle avait aussi dénoncé, sans preuve, ses frères et sœurs pour un crime qui s'était passé à Champigny, village de son enfance. Cette orpheline, qui avait grandi sans amour, répandait sa haine partout où elle passait. Mais, lors de ce procès, on jugeait seulement une empoisonneuse supposée. Or Marie Bourette, même si les experts en graphologie affirmèrent qu'elle était l'autrice de tous les écrits reçus par les Doudieu et qu'elle était assurément à l'origine de l'envoi des paquets de moules et des produits pharmaceutiques, n'avait aucun mobile pour tuer le ténor. Et, sans mobile, pas de crime. Ainsi, Marie Bourette échappa à la mort. Mais le verdict fut sévère puisqu'elle fut condamnée à vingt ans de prison, sans parler de la somme exorbitante pour l'époque de 100 000 francs à verser à la veuve du ténor, qui s'était constituée partie civile, pour dommages et intérêts.

Le pourvoi en cassation ayant été refusé, Marie resta en prison. Puis, au regard de la détérioration de son état mental, jugé au départ normal par les experts, elle fut internée dans un asile d'aliénés, où elle demeura jusqu'à sa mort.

PARTIE 6

Normandie

LES AFFAIRES CRIMINELLES DE LA RÉGION

1450
La mort suspecte d'une jeune femme prometteuse
Agnès Sorel

1835
Une folie meurtrière en Normandie
Pierre Rivière

1910
Une justice de paille en terre ouvrière
Jules Durand

1937
Deux dissidents que l'on a voulu faire taire
Les frères Rosselli

1943
Une faiseuse d'anges face à la guerre
Marie-Louise Giraud

PENDANT CE TEMPS-LÀ EN FRANCE

1450

LE 19 AVRIL, à Formigny, l'armée du roi Charles VII est victorieuse sur les Anglais. Commence alors la lente reconquête de la Normandie par les Français et, plus largement, des territoires occupés par les Anglais, qui met fin à la guerre de Cent Ans.

1835

LE 28 JUILLET, un anarchiste italien, Giuseppe Fieschi, organise un attentat, boulevard du Temple à Paris, pour assassiner le roi Louis-Philippe. Sa « machine infernale » ne tua pas le monarque mais fit tout de même 18 morts.

1910

LE 2 AVRIL, alors que les Parisiens viennent de vivre une crue exceptionnelle de la Seine, la loi sur la retraite à 65 ans pour les ouvriers et les paysans est votée.

1937

LE 22 JUIN et la démission du gouvernement Léon Blum sonnent la fin de l'expérience du Front populaire, née des élections législatives d'avril et de mai 1936.

1943

LE 27 MAI, alors que le régime de Vichy organise la milice et que les résistants juifs créent l'Union des Juifs pour la résistance et l'entraide, le premier conseil de la Résistance nationale se réunit sous la présidence de Jean Moulin. Mais l'homme, trahi, décède sous la torture le 7 ou 8 juillet suivant.

La mort suspecte d'une jeune femme prometteuse

Agnès Sorel

« Et certains dirent aussi que le dauphin avait déjà fait mourir une damoiselle nommée la belle Agnès, laquelle était la plus belle femme du royaume, et totalement en amour avec le roi son père. »

Mémoires de Jacques du Clercq, 1448-1467

Un teint de lait, des yeux clairs et perçants, des cheveux blond cendré, telle est la description de Galatée dans la mythologie grecque ; c'est aussi le portrait d'une jeune fille qui deviendra la première favorite officielle d'un souverain français, l'envoûtante Agnès Sorel.

Le 21 octobre 1422, Charles VII se proclame roi de France. Trois ans plus tard naît dans une famille de la noblesse tourangelle une enfant baptisée Agnès. Quelque dix-huit années plus tard, le souverain français et la jeune fille seront les amants les plus célèbres du XVe siècle.

Le lieu de naissance d'Agnès Sorel fait toujours débat : naquit-elle à Coudun, en Picardie, où ses parents avaient des propriétés, ou à Fromenteau, en Touraine, près de Loches, comme cela est le plus probable ? Son père se nommait Jean Soreau et était le conseiller du comte de Clermont ; sur sa mère, Catherine de Maignelais, l'histoire ne nous dit rien ou presque. Le silence entoure également la jeunesse d'Agnès Sorel. Elle n'était destinée qu'à devenir l'épouse d'un noble de rang secondaire. Nous n'en savons pas davantage sur l'éducation qu'elle reçut et qui fut sans doute celle donnée à toutes les filles de son milieu : l'instruction religieuse en même temps que la lecture, l'écriture venant toujours après.

Sa vie publique débuta alors qu'elle avait tout juste dix-huit ans et qu'elle fut présentée à Charles VII, à Toulouse, le 19 mars 1443. Le souverain, marié à Marie d'Anjou, avait déjà de cette dernière plusieurs enfants dont un fils, Louis, futur Louis XI. Dire que cette rencontre fut un coup de foudre ne serait pas exagéré. Agnès Sorel était considérée comme une très belle femme, une réputation qui ne fit que croître au fur et à mesure que sa relation amoureuse avec le roi de France se confirma. Charles VII la couvrit de bijoux, lui offrit le premier diamant taillé existant en France, la fit comtesse de Penthièvre, châtelaine de Loches et dame du domaine de Beauté-sur-Marne. Agnès Sorel, « la Dame de Beauté » : un surnom que les historiens lui attribuèrent pour illustrer autant ses incroyable traits que les dons multiples que le roi lui fit.

Personnages importants de la cour et grands artistes du moment s'empressèrent de la servir et de lui plaire ; le grand argentier du royaume de France Jacques Cœur accéda à ses désirs, le peintre Jean Fouquet la prit pour modèle. Mais comme d'autres maîtresses royales après elle, Agnès Sorel s'attira de nombreuses critiques. Le luxe de son train de vie alors que la guerre faisait toujours rage, ses audaces vestimentaires – elle imposa de nouveau, pour peu de temps, le décolleté aux épaules nues –, son illégitimité enfin lui attirèrent les foudres de beaucoup. Son royal amant passa outre et lui fit trois filles, Marie, Charlotte et Jeanne, qu'il reconnut et qui purent porter son nom, celui de Valois.

Leur histoire dura près de sept ans et ne fut interrompue que par la mort de la jeune femme, le 9 février 1450, alors que le roi était tout à la reconquête de la Normandie. À nouveau enceinte, Agnès avait fait halte au couvent du Mesnil-sous-Jumièges, à proximité de Rouen. Là, elle accoucha prématurément d'une fille de sept mois, qui ne vécut pas.

Dans ses chroniques, Jean Chartier, l'historiographe officiel de Charles VII, ne mentionna le nom d'Agnès Sorel que pour consacrer tout un chapitre à la mort de la jeune femme, laissant entendre toutefois qu'elle n'avait jamais été la maîtresse du roi. Au contraire, les opposants de Charles VII, c'est-à-dire principalement les partisans de son fils, Louis, en rupture avec son père, affirmaient que la royauté avait été salie par cette femme qui avait bafoué la reine. Leur colère augmenta d'un cran lorsque Charles VII offrit à Agnès Sorel des funérailles dignes d'une reine, et commanda pour la gloire posthume de celle qu'il aimait un somptueux tombeau en la cathédrale Saint-Ours de Loches. Son cœur, la belle l'avait laissé aux religieuses du Mesnil-sous-Jumièges – couvent qu'elle gratifia, par ailleurs, via son testament, de plusieurs dons.

Cependant cette mort prématurée et violente fit jaser. N'aurait-elle pas été assassinée par les Anglais, ou bien sur ordre du futur Louis XI, qui la détestait ? Ce dernier pâtissait d'une très mauvaise réputation depuis le début du XVIe siècle, qui perdura jusqu'au milieu du XIXe siècle – ce qui donna plus de poids encore à l'idée qu'il avait bien pu faire assassiner la maîtresse de son père. Les recherches des historiens ont toutefois depuis longtemps invalidé cette rumeur, et de récentes analyses des restes du corps de la belle ont permis d'en savoir plus sur ce mystère.

Agnès Sorel n'a succombé à rien d'autre qu'à la médecine de son temps. Pour soulager les parturientes en cas d'accouchement difficile, on employait régulièrement le mercure. La dose absorbée fut sans doute trop élevée, et ce poison associé à d'autres maux eut raison de la vie de la jeune femme.

Reste le souvenir immortel de la Dame de Beauté partie trop tôt.

Une folie meurtrière en Normandie

Pierre Rivière

« Moi, Pierre Rivière, ayant égorgé ma mère, ma sœur et mon frère […]. »

Incipit du mémoire de Pierre Rivière, cour d'assises du Calvados (1811-1940), 1835

Un jeune garçon, aîné d'une famille nombreuse dans l'incapacité de joindre les deux bouts et qui se déchire par camps interposés. Une violence intrinsèque dans laquelle baigne un foyer scindé en deux et qui aboutit à une tragédie. Telle est la destinée de celui que la psychologie criminologique à ses débuts tente de comprendre, un dénommé Pierre Rivière.

Pierre naquit le 24 janvier 1815, à Courvaudon, dans le Calvados, dans une famille pauvre. Deux ans plus tard, la famille s'agrandissait avec la venue au monde de Victoire. La famille Rivière vivait alors près du village d'Aunay-sur-Odon, à proximité de Caen. Mais bientôt, pour des raisons inconnues de Pierre, sa mère retournait chez ses parents, emmenant avec elle sa petite fille, et le laissant, lui, à son père. Elle n'avait aucune intention de divorcer mais, sans argent, elle ne pouvait survivre, aussi ce fut son mari qui subvint à ses besoins et à ceux de ses enfants. Malgré la séparation, trois autres frères et sœur naquirent au fil des années : Aimée, Prosper et Jean. En 1825, alors que Pierre n'avait que dix ans et qu'il était retourné, à la demande de sa mère, vivre avec elle et le reste de la fratrie, elle le rejetait une nouvelle fois, le priant de repartir chez son père. Un an plus tard, elle agissait pareillement avec Aimée, puis avec Prosper, qui n'avait pas toutes ses facultés mentales. Enfin, après la naissance de Jules en 1827, ce fut Jean qu'elle chassa à son tour. Le père accueillit ses enfants, les nourrit et les éleva comme il put tout en finançant les besoins de son épouse. En 1834, Jean décéda. Leur mère réclamait toujours plus d'argent, incapable qu'elle était de rembourser les dettes qu'elle avait contractées ici ou là. La justice s'en mêla et contraignit l'épouse à regagner le domicile conjugal et à faire amende honorable. Elle s'y soumit.

Depuis quelques mois déjà, tous étaient à nouveau réunis sous le même toit, un nouvel enfant était à naître, mais la souffrance de Pierre ne faisait que croître à voir son père rudoyé par celle qui leur menait la vie dure. Le 3 juin 1835, Pierre, qui avait attendu que son père ait quitté la demeure, tua sa mère, enceinte de six mois, sa sœur Victoire, âgée de dix-huit ans, et son plus jeune frère, Jules, qui n'en avait que huit. Il les tua tous à coups de serpe, l'un après l'autre. Aimée et Prosper furent épargnés. Son quadruple crime exécuté, il s'enfuit et des jours durant marcha à travers bois et champs, se nourrissant de ce qu'il pouvait trouver ou voler. Son errance dans la campagne normande dura près d'un mois. Finalement, il fut retrouvé près de Falaise, à plusieurs dizaines de kilomètres du lieu du crime. Lorsque les gendarmes procédèrent à son arrestation, il ne manifesta aucune agressivité. Il fut directement conduit à la prison de Caen.

Cette histoire ne serait qu'un banal fait divers de plus si Pierre Rivière, paysan de vingt ans qui n'avait reçu qu'une éducation rudimentaire, n'avait pas rédigé, durant les douze premiers jours de sa détention, un mémoire de quarante pages dans lequel il expliquait son geste. Outre que ce type d'aveux était particulièrement rare – la grande majorité des accusés ayant le réflexe de se proclamer innocents jusqu'à preuve du contraire –, le mémoire en lui-même fut jugé remarquable. Les gens de lettres comme les historiens qui le consultèrent reconnurent avoir entre les mains un texte de tout premier ordre ; certes, il y avait de nombreuses incorrections, mais sa qualité dramaturgique était indéniable, faisant de Pierre Rivière, auteur d'un matricide et d'un triple fratricide, un écrivain à part entière. Le jeune homme y racontait son enfance et, surtout, y confessait ses crimes. Il avait agi de la sorte, disait-il, non pour lui ou pour ses autres frères et sœur, mais pour son père. Il voulait le venger et le libérer d'une épouse qu'il jugeait tyrannique ; lui-même prenait sa revanche sur une mère dont il ne s'était sans doute jamais senti aimé. Et s'il avait également assassiné une de ses sœurs et son dernier frère, c'était parce que, à ses yeux, l'un et l'autre avaient pris le parti de leur mère.

Après une telle confession, l'enquête fut rapidement bouclée, restait par conséquent à officialiser le jugement. L'article 299 du Code pénal de 1810 punissait très durement les parricides : la peine de mort semblait inévitable. Mais Pierre Rivière, âgé de moins de vingt et un ans, n'était pas encore majeur. La réforme de 1832 pouvait se montrer plus indulgente à l'égard des mineurs dans certains cas. Cependant son état mental au moment des faits devait être pris en considération, car un crime d'une telle violence l'exigeait. Cet intérêt porté à la santé mentale du meurtrier au moment de son acte était encore nouveau, et les commentaires produits par les médecins furent plus que sommaires, et souvent davantage influencés par leur conception de la morale et leur avis sur la peine de mort que par des connaissances développées sur le sujet. Le premier médecin qui l'observa, le Dr Bouchard, affirma n'avoir nullement remarqué, lors des différentes consultations, un quelconque état dépressif chez l'accusé. Selon lui, Pierre Rivière était responsable de ses actes au moment du crime, et son mémoire le démontrait. Une opinion contredite par un autre médecin, le Dr Vastel, et que les dépositions des témoins vinrent soutenir. Certains assurèrent que, dès l'âge de cinq ans, époque à laquelle sa mère avait quitté son père, Pierre Rivière avait eu un comportement bizarre ; d'autres mentionnèrent son asociabilité depuis l'enfance, voire sa folie.

Le contexte ne se prêtait néanmoins pas à la clémence. Le 18 juillet 1835, Giuseppe Fieschi avait tenté d'assassiner le roi Louis-Philippe et sa famille. L'heure était à la répression : on ne pouvait être sévère avec un régicide et indulgent avec un matricide accompagné d'un triple fratricide. Aussi Pierre Rivière fut-il condamné à avoir la tête tranchée le 22 novembre 1835. Pourtant, le cas parut si injuste à plusieurs qu'entre la fin du procès et l'examen du pourvoi en cassation Pierre Rivière fut à nouveau examiné par un aliéniste, le Dr Esquirol. L'avis de ce dernier fut suivi autant par la justice que par le pouvoir royal : la peine de Pierre Rivière fut finalement commuée le 16 janvier 1836 en travaux forcés à perpétuité. Le jeune homme échappa à l'échafaud et entra à la prison de Beaulieu, à Caen, le 7 mars 1836. Il y demeura jusqu'à ce qu'on le découvre pendu dans sa cellule, le 20 octobre 1840.

Le philosophe Michel Foucault se basera sur les textes juridiques liés à l'affaire pour rédiger à son tour, en 1973, un mémoire intitulé *Moi, Pierre Rivière, ayant égorgé ma mère, ma sœur et mon frère*. Deux films également inspirés de cette affaire sortiront en 1976.

Il faut que ce crime judiciaire soit réparé !

Jules DURAND

Secrétaire du Syndicat des Ouvriers Charbonniers du Havre

condamné à mort, **innocent**, par la Cour d'Assises de la Seine-Inférieure, le Vendredi 25 Novembre 1910.

Une justice de paille en terre ouvrière

Jules Durand

« Oui, mais comme c'est chose terrible pour la société d'aujourd'hui qu'une pareille erreur ait été possible ! »

Jean Jaurès, *L'Humanité*,
16 février 1911

Alors que la France vit ses dernières années de paix apparente, que les tensions nationales se renforcent, que le soleil se couche sur la Belle Époque et que la célèbre affaire Dreyfus et ses remous se soldent par la réhabilitation du capitaine, une nouvelle injustice scandaleuse se profile.

En 1910, dans la ville portuaire du Havre, une machination sur fond de politique est ourdie de toutes pièces pour condamner le chef du syndicat des charbonniers, le malheureux Jules Durand.

Ce dernier était né dans la cité havraise de parents assez peu fortunés, le père étant un charbonnier payé à la journée et sa mère femme au foyer. Amené très tôt à travailler pour aider sa famille, Jules Durand fut docker et charbonnier, trouvant tout de même le temps de fréquenter l'université populaire, avec un intérêt prononcé pour les idées radicales et le socialisme libertaire. Lecteur assidu de Louise Michel, de Proudhon ou du fondateur du journal d'extrême gauche *Le Père peinard*, Émile Pouget, il s'employa à défendre la cause des plus démunis et fit partie de la Ligue des droits de l'homme. Un militantisme qui lui valut l'animosité et la défiance de ceux qui l'employèrent.

En tant qu'ancien ouvrier des docks, Jules Durand s'investit dans le syndicat et mena en 1910 la première et unique grève illimitée que connurent plusieurs corporations sous ses directives.

Au XIXe siècle, Le Havre était le plus grand port colonial reliant l'Europe au reste du monde. Là arrivaient les matières premières dont la France manquait pour ses industries ; de là partaient les produits finis de ces mêmes industries vers le Nouveau Monde et les colonies. Si les grandes entreprises de transport prospéraient, la main d'œuvre, nombreuse, connaissait des conditions de travail parfois difficiles.

Rapidement politisés, les dockers, par leurs revendications et leur pugnacité, parvinrent dès 1900 à imposer la journée de huit heures à leurs employeurs, vingt ans avant que la règle devienne générale pour tous les salariés. Un militantisme bientôt soutenu par un mouvement syndical qui ne faisait que progresser, encouragé par la toute jeune Confédération générale du travail. Ce fut dans ce contexte qu'en 1910 les dockers-charbonniers cessèrent le travail. Ces hommes exerçaient un des métiers les plus pénibles du port et le plus mal payé. Pourtant, leur tâche était essentielle car la houille qu'ils déchargeaient des navires était nécessaire aux activités économiques de la région pour fournir l'énergie ou la matière première aux hauts-fourneaux. Les charbonniers, craignant la mécanisation trop importante du port, qui à terme pouvait engendrer la suppression d'une quantité d'emplois, avaient obtenu de la Compagnie générale transatlantique (la Transat), principal armateur et leader du patronat portuaire, de n'utiliser les machines que si la main-d'œuvre se révélait insuffisante lors d'un pic d'activité.

Mais en cet été 1910, ces charbonniers, qui pour une grande part étaient journaliers, réclamaient une augmentation de salaire pour compenser les jours chômés, non rémunérés, imposés lorsque les navires n'arrivaient pas à la date prévue au port. En outre, et parce que leur métier était plus que salissant, ils demandaient à avoir des douches sur leur lieu de travail. Ces revendications furent présentées par Jules Durand.

Il se heurta à une fin de non-recevoir. Un ordre de grève partiel et sélectif fut alors lancé, auquel les armateurs répondirent par un lock-out. Rapidement, le mouvement prit de l'ampleur et, sur les six cents dockers du port, cinq cent quatre-vingts cessèrent le travail. La Transat réagit à sa manière ; outre qu'elle mit en route un nouvel élévateur sur position flottante, le Tancarville, montrant qu'elle pouvait se passer de ces grévistes, elle embaucha des travailleurs d'autres métiers, qu'elle paya trois fois plus que les dockers en temps normal, afin de poursuivre ses activités et de neutraliser la grève.

Le 9 septembre, les dockers en étaient à leur vingt-troisième jour de grève. Le soir, devant un débit de boisson du quai d'Orléans, une bagarre éclata. Elle opposa un non-gréviste, Louis Dongé, à plusieurs de ses collègues qui, eux, participaient au mouvement. Tous avaient beaucoup bu. Dongé fut roué de coups et décéda le lendemain d'une fracture de la boîte crânienne.

L'affaire, surnommée ultérieurement « l'affaire Dreyfus du monde ouvrier », débuta. Les protagonistes du drame furent arrêtés, mais le directeur de la Transat, la compagnie la plus touchée par la grève, accusa ouvertement Jules Durand d'être le responsable de cette mort : lors d'un discours devant des centaines de charbonniers, n'avait-il pas incité à tuer « les jaunes » (les non-grévistes) ? Quatorze témoins pouvaient confirmer ces dires. Par ailleurs, le journal *Le Havre-Éclair*, subventionné par les armateurs, engagea une campagne active contre les grévistes, et plus particulièrement contre leur meneur. Sous la plume de ces journalistes, Durand devint un abominable alcoolique – alors qu'il avait fondé une ligue anti-alcool et ne buvait que de l'eau – et une créature dangereuse pour la paix sociale, car sous son engagement syndical il aurait dissimulé des ambitions révolutionnaires.

Le 10 novembre, après une instruction très rapide, le procès s'ouvrait à la cour d'assises de Rouen. Outre les trois grévistes accusés d'avoir molesté Dongé, trois syndicalistes, pourtant absents lors des faits, comparaissaient pour complicité d'assassinat : Jules Durand, secrétaire du Syndicat des charbonniers, Henri Boyer, secrétaire adjoint du syndicat, et son frère Gaston, trésorier. Les témoins à charge assurèrent que la mort de Dongé avait été votée à l'instigation de Durand, lors d'une réunion du 14 août. Ce fut René Coty, futur président de la République, alors jeune avocat de vingt-huit ans, qui eut la responsabilité de défendre Durand. Il n'avait jamais plaidé aux assises. Quant au jury, il était composé de notables ; seul un tisserand représentait le monde ouvrier. Le président de la cour se montra tout de suite hostile à Durand, et l'avocat général s'opposa tant qu'il put à la comparution des témoins à décharge, affirmant dans son réquisitoire : « Partout la violence déchaîne des actes de sabotage ; on en arrive au sabotage de la vie humaine. Le jury a un impérieux devoir social à remplir. »

Le 25 novembre, après deux semaines d'audience, le verdict tombait. Les frères Boyer étaient acquittés ; deux des trois grévistes étaient condamnés à huit ans de travaux forcés, le troisième, à quinze ans. Quant à Durand, il fut déclaré coupable par sept voix contre cinq, et le jury lui refusa les circonstances atténuantes. Ils pensaient lui infliger une peine de quinze ans tout au plus, mais, par ce refus des circonstances atténuantes, ils l'avaient condamné à la peine capitale !

On demanda une nouvelle délibération, en vain. Durand fut condamné à avoir la tête tranchée sur une des places publiques de Rouen. Le jury signa aussitôt un recours en grâce. Le lendemain, alors que *L'Humanité* titrait « Un verdict de haine », le reste de la presse criait au scandale. Ouvriers, membres des syndicats et politiciens de gauche se mobilisèrent, les grèves se multiplièrent, une pétition du radical-socialiste Paul Meunier pour demander la grâce du syndicaliste fut soutenue par deux cents députés. Le président de la République Armand Fallières reçut à l'Élysée Anatole France et Jean Jaurès, venus plaider la cause du condamné. Le mouvement dépassa même les frontières, puisque les dockers de Hambourg, de Liverpool, de Cadix, mais aussi de Naples, de Chicago et de Sydney arrêtèrent le travail.

Fallières se borna, le 31 décembre, à commuer la peine en sept ans de réclusion. Outré par la décision présidentielle, Paul Meunier demanda aussitôt un nouveau procès. La chancellerie, de son côté, diligenta une enquête conduite par le substitut général de Rouen, qui parvint à des conclusions opposées à celles de la première investigation. Elle mit en lumière le rôle de Stanislas Ducrot, un agent général de la Transat, qui, contre un costume neuf, avait acheté les témoins à charge. Finalement, la demande de révision du procès fut accordée. Elle impliqua la suspension de la détention du condamné, actée le 15 février 1911.

Jusqu'à la commutation de sa peine, Durand avait vécu la vie d'un condamné à mort. Placé à l'isolement, chaînes aux pieds, constamment surveillé, n'ayant droit qu'à une heure de promenade par jour dans la cour, encagoulé et les mains liées, il en avait été durement affecté. Ces conditions, associées au sentiment d'injustice qui le hantait et à la peur de la mort, troublèrent considérablement son état mental. Un mois et demi après sa libération, sa famille se résignait à le faire interner dans le pavillon Pinel de l'hôpital du Havre. Le 5 avril 1911, il fut transféré à Rouen à l'asile d'aliénés des Quatre-Mares, que dirigeait Ernest Lallemant, le président du jury qui l'avait condamné, mais qui avait toujours cru à son innocence. Le verdict fut cassé le 9 août 1912 ; il fallut toutefois attendre le 15 juin 1918 pour que Durand soit lavé de toutes les charges qui pesaient contre lui.

Il décéda en février 1926 sans jamais avoir recouvré la raison. Un boulevard du Havre porte son nom, celui d'un homme épris de justice détruit par l'iniquité humaine.

N° 451 – Jeudi 17 Juin 1937 – 1 fr. 50
DETECTIVE
DOUBLE EXÉCUTION
EN FORÊT NORMANDE
Lire, pages 4, 5 et 6, le récit de nos enqueteurs sur l'assassinat politique
DES FRÈRES ROSSELLI

Deux dissidents que l'on a voulu faire taire

Les frères Rosselli

« Au moment où j'écris ces lignes, il y a déjà vingt-quatre heures que la sensationnelle découverte, sur le territoire de Couterne, fait les frais de toutes les conversations, que tous les postes-frontières sont alertés, que sûreté nationale, police mobile et gendarmerie recherchent les assassins des deux frères Rosselli bien connus en France pour leur activité antifasciste. Mais vingt-quatre heures d'efforts continus [...] ne sont pas suffisantes pour éclaircir une telle énigme. »

Georges Oubert, *Le Petit Journal*,
13 juin 1937

Au XXe siècle, la période des années 1930 voit l'apparition de plusieurs régimes autoritaires en Europe. Hitler est investi des pleins pouvoirs en Allemagne, Franco arrive à la tête de l'Espagne et Mussolini dirige l'Italie fasciste depuis près de quinze ans lorsque deux socialistes venus se réfugier en France pour dissidence sont abattus dans la commune de Bagnoles-de-l'Orne en Normandie.

Le mercredi 9 juin 1937, vers 20 heures, à proximité de la Chapelle-Moche, une Ford immatriculée 2-808-RF3 de couleur noire était retrouvée dans un fossé. À l'intérieur, personne, mais le siège du conducteur était couvert de sang. On avait dû envisager de faire exploser le véhicule, mais le mauvais temps avait apparemment compromis l'entreprise. Autour, aucun cadavre. Le lendemain matin, vers 7 heures, un cycliste aperçut sur le chemin vicinal qui conduisait au château de Courterne deux corps, jetés l'un sur l'autre comme des sacs, dans les taillis. Il appela les autorités. Les gendarmes arrivèrent sur les lieux vers 9 heures. Ils remarquèrent que l'un des deux corps avait reçu une balle dans la tempe, l'autre un coup de poignard dans la poitrine. L'un des cadavres avait ses papiers, la voiture retrouvée la veille était au nom de l'autre : ils furent facilement identifiés. Les victimes étaient connues dans les milieux politiques. Carlo Rosselli, trente-huit ans, était un des plus célèbres antifascistes résidant en France. L'autre, Sebastiano Rosselli, dit Nello, était journaliste et était venu en France pour quelques jours.

Carlo, l'aîné, et Nello, le cadet, étaient deux frères nés à Rome dans une famille juive aisée d'origine toscane. Le foyer était bercé d'idéaux républicains. Un troisième frère, Aldo, avait été tué durant la Première Guerre mondiale. Fervents partisans de la pensée marxiste et du socialisme, les frères Rosselli étaient des voix fortes de la dissidence.

Depuis 1921, la France était une base de repli pour tous les réfugiés italiens qui fuyaient le fascisme de Mussolini. Carlo Rosselli n'était arrivé à Paris qu'en 1929, après s'être évadé de la prison où il avait été enfermé pour avoir soutenu des républicains et des socialistes. Des îles Lipari, où il était captif, il avait gagné la Tunisie, puis la France. À Paris, il poursuivait son activisme et, par l'intermédiaire de la revue *Justice et Liberté*, tentait de trouver une autre voie entre le collectivisme stalinien et les partis républicains – libéraux ou socialistes. Soucieux de rassembler toutes les tendances antifascistes, il entretenait des contacts avec les uns et les autres. Son organisation, financée par ses relations familiales et politiques, encouragea les attentats contre les hauts dignitaires du régime fasciste italien, soutint les réseaux de résistance sur le terrain et les rébellions dans les régions du Nord par la diffusion de tracts dispersés depuis les airs, et enfin protégea les nouveaux réfugiés. En juillet 1936, Carlo était parvenu à lever un bataillon d'Italiens réfugiés en France et partit avec eux se battre en Espagne aux côtés des républicains contre Franco, que Mussolini et bientôt Hitler envisageaient de soutenir en argent et en hommes.

Blessé, Carlo rentra en France. Pour sa convalescence, il avait choisi Bagnoles-de-l'Orne. Il y était arrivé le 27 mai 1937 avec son épouse, une Américaine qui l'avait toujours soutenu dans ses combats, avant d'être rejoint début juin par son jeune frère, Nello, qui vivait à Florence avec leur mère.

L'enquête sur leur mort fut confiée au juge Brochard. Tout le problème était de savoir s'ils avaient été victimes d'un crime crapuleux, d'un règlement de comptes entre réfugiés ou bien d'un attentat fomenté par le gouvernement italien.

Une reconstitution fut proposée assez vite. Le mercredi 9 juin, l'épouse de Carlo était rentrée à Paris par le train de 16 h 30. Ils s'étaient quittés devant l'hôtel, surveillés depuis quelques jours par un homme vêtu de noir. Les deux frères s'étaient ensuite rendus à Alençon pour y faire quelques courses. Nello y avait acheté un mouchoir pour pochette en dentelle de la région, puis ils avaient repris la route pour Bagnoles. Ces faits étaient confirmés par plusieurs témoins. Le reste était plus hypothétique. Sur la route du retour, ils auraient été suivis par une voiture dans laquelle se trouvaient quatre hommes. À un moment donné, il est probable que ceux-ci doublèrent l'automobile des frères Rosselli, obligeant ces derniers à s'arrêter. Le conducteur, Carlo, fut abattu. Nello, côté passager, sortit de la voiture, et ce fut là qu'il reçut un coup de poignard dans le cœur. Les assassins traînèrent les cadavres jusqu'aux taillis puis déplacèrent la voiture des victimes à un autre endroit, dans l'espoir de la brûler.

Alors que le juge et les gendarmes tentaient de valider ce scénario, les journalistes s'étaient emparés de l'affaire. Pour la presse de droite, surtout celle favorable à l'Action française, il était évident que le meurtre s'apparentait à un règlement de comptes entre mafieux, ces étrangers venus troubler la quiétude normande. Pour celle de gauche, et notamment pour *L'Humanité*, il ne pouvait s'agir que d'un crime politique orchestré par Mussolini. Un crime qui dérangeait en tout cas les autorités françaises du moment puisque, quelques jours plus tard, le légat du pape devait inaugurer la basilique Sainte-Thérèse de Lisieux devant deux cent mille catholiques.

Les funérailles des deux frères se déroulèrent le 19 juin à Paris. Bien que quelque peu occultées par l'annonce de la mort de Gaston Doumergue, elles virent se réunir les grandes figures de la résistance italienne en France, M. Blumel, chef de cabinet de Léon Blum, et M. Garcia Olivera, ancien ministre espagnol.

L'enquête se poursuivait secrètement, et rien ne fut diffusé publiquement avant le mois de décembre. En effet, si assez rapidement l'idée qu'il s'agissait bien d'un crime politique s'imposa à tous les enquêteurs, l'hypothèse selon laquelle Mussolini aurait pu envoyer ses hommes pour assassiner un des leaders de l'opposition italienne en France semblait peu probable. L'éventualité d'une coopération avec l'extrême droite française était cependant envisageable. Cette piste s'avéra la bonne.

Une société secrète de l'extrême droite, connue sous le nom de la Cagoule, avait pour but principal de renverser la République. Soutenue par de grands industriels craignant le communisme, elle avait pénétré les milieux politiques et militaires et organisait régulièrement des attentats, laissant croire qu'il s'agissait d'actions perpétrées par des révolutionnaires de gauche. La police avait néanmoins infiltré la Cagoule et, le 28 novembre 1937, le ministre de l'Intérieur, Marx Dormoy, révélait la découverte de la conspiration contre les résistants italiens réfugiés en France. Le 16 janvier 1938, les assassins des frères Rosselli étaient arrêtés : c'étaient bien des cagoulards. Le 15 février, devant le préfet, les autorités judiciaires et une trentaine de journalistes, une reconstitution du double meurtre était organisée.

Si cette affaire avait défrayé la chronique, son importance diminua sensiblement dès le mois de mars 1938, essentiellement parce que les ambitions allemandes devenaient de plus en plus préoccupantes depuis qu'Hitler avait annexé l'Autriche. Le voyage du Führer à Rome en mai 1938 et la conférence de Munich en septembre de la même année firent oublier peu à peu l'assassinat des frères Rosselli.

Le fin mot de l'affaire fut pourtant enfin connu. Carlo gênait considérablement Mussolini dans ses prétentions. Par différents réseaux, les hommes de main du Duce étaient entrés en contact avec des membres de la Cagoule, qui, contre des fusils semi-automatiques, avaient accepté de tuer les deux militants antifascistes. Le procès n'eut lieu qu'après la guerre, en octobre 1948. La défense des deux inculpés, toujours vivants – ils avaient été libérés sous le régime de Vichy –, fut assurée par Me Isorni, avocat de Philippe Pétain et de Bernard Jardin, chef ornais de la milice pendant l'Occupation. Il ne parvint pas à sauver la vie de ses clients, et les deux hommes furent exécutés.

En faisant assassiner les frères Rosselli, Mussolini ne s'était cependant pas trompé : leur mort avait entraîné de profondes dissensions au sein du mouvement que Carlo avait fondé et avait marqué la fin, ou presque, de l'antifascisme en France.

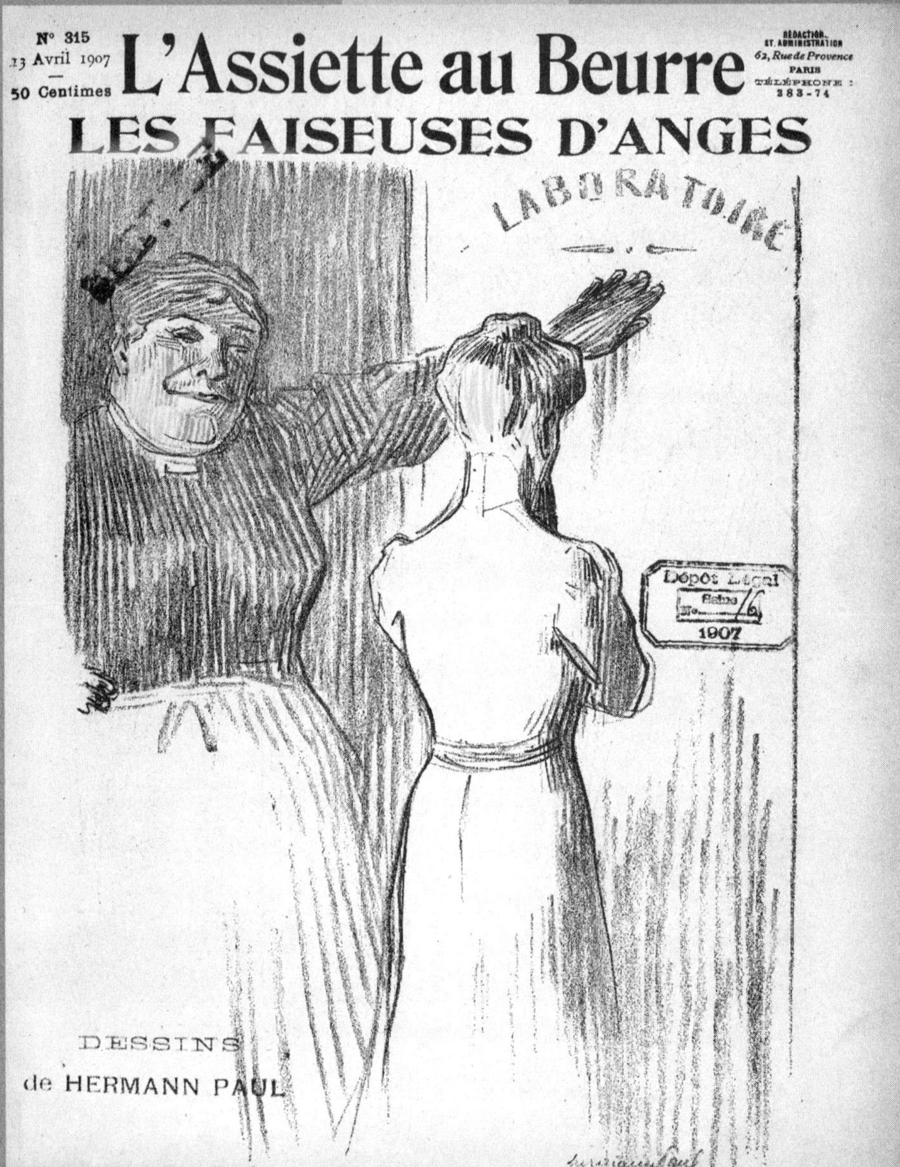
N° 315
13 Avril 1907
50 Centimes
L'Assiette au Beurre
RÉDACTION ET ADMINISTRATION
62, Rue de Provence
PARIS
TÉLÉPHONE :
283-74
LES FAISEUSES D'ANGES
LABORATOIRE
Dépôt Légal
Seine
No 16
1907
DESSINS
de HERMANN PAUL

Une faiseuse d'anges face à la guerre

Marie-Louise Giraud

« Avorter, c'est refuser ton bonheur en détruisant la vie !
C'est ruiner ta santé en risquant la mort ! »

Affiche de propagande de L'Alliance nationale
contre la dépopulation, 1940

Longtemps l'avortement fut interdit sur le territoire français. Quels que fussent les régimes politiques, cette pratique fut jugée répréhensible, contre-nature et criminelle. L'anathème frappait encore davantage les femmes y ayant recours dans les périodes de conflits. Au XXe siècle, au lendemain d'une Grande Guerre ayant fauché une bonne partie de la jeunesse masculine, les femmes furent encouragées à avoir des enfants. Tous les gouvernements républicains entre 1918 et 1939 favorisèrent une politique nataliste. La Seconde Guerre mondiale pointait à l'horizon, et la France, comme les autres pays d'Europe, prévoyait d'avoir besoin de forces vives.

Le 31 juillet 1943, *Le Petit Journal*, l'une des feuilles les plus populaires de France, publia une dépêche qui annonçait l'exécution d'une femme par la justice. Son crime ? Avoir pratiqué des « manœuvres abortives ». *Le Petit Parisien*, son concurrent direct, ne fut pas plus loquace et fut tout aussi pudique, même s'il fut plus précis. Marie-Louise Lempérière, épouse Giraud, était morte « pour avoir délivré prématurément vingt-six clientes soucieuses de se soustraire à la maternité ». Certes, en ce mois de juillet 1943, les condamnations à mort par voie judiciaire n'étaient pas exceptionnelles. Il y en eut au moins deux à Douai, une à Aix-en-Provence, une à Carpentras et trois à Riom. Quant à l'avortement, puisqu'il s'agissait bien de cela, il était considéré par le nouveau régime comme un des actes les plus infâmes que l'on puisse commettre.

La répression de l'avortement, prévue par le Code pénal de 1810, avait été renforcée. La loi du 29 juillet 1939, promulguée un mois avant le déclenchement de la Seconde Guerre mondiale, prévoyait désormais une peine de dix ans de prison pour ceux ou celles qui pratiquaient ce qui était jugé comme un crime. La France de Vichy alla plus loin. Par la loi du 15 février 1942, elle fit tout bonnement de l'avortement un crime contre la sûreté de l'État ; dès lors, la condamnation de l'avortement relèverait de tribunaux d'exception et non plus des cours d'assises, jugées trop laxistes. Tout individu pratiquant cet acte était donc passible de la peine de mort.

Reste que, depuis le commencement de la Seconde Guerre mondiale, les privations alimentaires, les difficultés financières imposées par le conflit puis par l'Occupation, ajoutées à la séparation des couples et à l'emprisonnement de plus d'un million neuf cent mille Français en Allemagne, sans parler des cas de relations extraconjugales avec l'occupant, engendrèrent une recrudescence des avortements.

Le 15 octobre 1942, Marie-Louise Giraud fut dénoncée par lettre anonyme au commissaire Jean Trouvé du 2e arrondissement de Cherbourg. Il apprit ainsi que cette femme d'une quarantaine d'années, vivant seule avec ses enfants, pratiquait des avortements à son domicile, 20, rue Grand-Vallée, depuis plusieurs mois. Une petite entreprise qu'elle avait montée avec trois autres femmes : Jeanne Truffet, Augustine Connefroy et Eulalie Hélène.

Marie-Louise Lempérière était née à Barneville en 1903, dans un milieu fort modeste. Sans argent et sans éducation, elle dut rapidement travailler, d'abord comme domestique, ensuite comme blanchisseuse. En 1929, elle rencontra Paul Giraud, un officier de marine, et l'épousa. De lui, elle eut deux enfants, une fille et un garçon. En 1939, Paul fut mobilisé puis fait prisonnier, et Marie-Louise dut se débrouiller.

C'est à la fin de l'été 1940 que Gisèle, sa voisine et prostituée, lui demanda son aide pour avorter. Cette compétence, tenue secrète, se transmettait parfois de mère en fille. Marie-Louise accepta et, avec une poire à lavement et de l'eau savonneuse, délivra son amie. Tout se passa très bien. Gisèle, ravie, lui offrit un phonographe pour la remercier. Quelques mois plus tard, au début de l'année 1941, une autre femme, informée par Gisèle, vint voir Marie-Louise pour le même problème. Un adultère, puisque, tout comme le sien, l'époux était prisonnier. Marie-Louise accepta et se fit payer. Très vite elle comprit le parti qu'elle pouvait tirer de cette pratique, et son nom circula chez toutes les femmes désireuses de mettre fin à leur grossesse, grâce notamment à d'anciennes clientes dont l'une exerçait le métier de voyante.

Aucun accident ne fut à déplorer jusqu'au mois de janvier 1942. L'épouse d'un garde-barrière, déjà mère d'une douzaine d'enfants et qui ne pouvait imaginer en avoir davantage, alla alors la consulter. Elle décéda des suites d'une septicémie. L'événement n'empêcha pas Marie-Louise de continuer. Payée entre 500 et 2 000 francs pour chaque intervention, elle eut bientôt assez d'argent pour emménager dans une plus grande maison, rue Grand-Vallée. Elle loua à Gisèle et à ses amies prostituées les chambres vides de son logement pour leurs rendez-vous.

La lettre anonyme stoppa brutalement ce début de prospérité. Marie-Louise Giraud fut arrêtée avec ses trois acolytes. Elle fut accusée de mauvaise moralité, de proxénétisme et, surtout, d'avoir pratiqué illégalement vingt-six avortements. Ses amies furent déclarées complices de ces crimes d'État. La cour qui devait les juger se réunit à Paris le 7 juin 1943. Le procès dura deux jours. Marie-Louise Giraud fut condamnée à mort ; Augustine Connefroy, à dix ans de travaux forcés, Jeanne Truffet, à huit ans de la même peine, et Eulalie Hélène, à cinq ans. Toutes furent également contraintes de payer 6 000 francs à l'État français.

Marie-Louise Giraud ne fut pas la seule à passer sous le couperet de la guillotine en cet été 1943 pour avoir pratiqué des avortements. Le mois suivant, ce fut un homme, Désiré Pioge, qui était exécuté pour les mêmes faits.

Quelques mois plus tard, la France de Vichy s'écroulait dans les ruines de la Seconde Guerre mondiale et du nazisme. Le gouvernement provisoire s'empressa d'abroger nombre de lois de l'ancien régime et notamment celle du 15 février 1942. Il n'était plus possible en France de mourir sur l'échafaud pour avoir pratiqué un avortement. Pour autant, il fallut attendre la loi Veil du 17 janvier 1975 pour que l'avortement soit légalisé en France.

Le film de Claude Chabrol *Une affaire de femmes*, adapté du roman éponyme de l'avocat et homme politique Francis Szpiner, verra Isabelle Huppert incarner Marie-Louise Giraud. Une autre romancière, Valentine Goby, fera d'elle une des protagonistes de son livre *Qui touche à mon corps je le tue*.

PARTIE 7

Nouvelle-Aquitaine

LES AFFAIRES CRIMINELLES DE LA RÉGION

1632 — Un complot sur fond de possession satanique
Les possédées de Loudun

1840 — Quand le simulacre du mariage tourne court
Marie Lafarge

1870 — Une cruelle mise à mort dans le Périgord vert
Alain de Monéys

1900 — Un enfermement insalubre nimbé de mystère
Blanche Monnier

1907 — Une entrée mortelle dans l'antre de l'horreur
Le crime de Langon

PENDANT CE TEMPS-LÀ EN FRANCE

1632

LE 6 AVRIL, le roi Louis XIII achète à Jean-François de Gondi, archevêque de Paris, une terre sur laquelle est bâti un rendez-vous de chasse qu'il fait agrandir. Son fils Louis XIV en fera le plus grand palais royal de la monarchie : Versailles.

1840

LE 30 NOVEMBRE arrive à Cherbourg la *Belle Poule*, le navire qui depuis Sainte-Hélène transporte les cendres de Napoléon Ier. Elles sont déposées aux Invalides quinze jours plus tard, en présence du roi Louis- Philippe Ier.

1870

LE 4 SEPTEMBRE, après la victoire des Prussiens à Sedan et l'arrestation de Napoléon III sur le champ de bataille, la république est déclarée en France et un gouvernement de défense nationale est instauré.

1900

LE 30 SEPTEMBRE, alors que l'Exposition universelle de 1900 bat son plein depuis avril, le ministre Millerand fait voter la loi instaurant la journée de travail de onze heures.

1907

LE 20 SEPTEMBRE, alors que la loi statuant sur le libre salaire de la femme mariée a été votée à l'été, le quotidien *Le Petit Journal* organise le premier référendum sur la peine de mort (toujours approuvée par les Français).

POVRTRAICT REPRESENTANT AV VIF

L'EXECVTION FAICTE A LOVDVN EN LA PERSONNE DE VRBAIN GRANDIER

Prestre Curé de S. Pierre & Chanoine de l'Eglise de saincte Croix dudit lieu, atteint & conuaincu des Crimes de sacrilege, Magie, sortilege, maléfice & possession : bruslé tout vif, par Arrest des Iuges Commissaires deputez de par le Roy en ladicte Ville de Loudun, le vendredy 18. Aoust 1634. Executé le mesme iour.

Ensemble la coppie de l'Arrest. Et les noms desditz Commissaires.

Ce qui se passe tous les iours en la Ville de Loudun par la malice des Demons possedans nombre de Religieuses tres-innocentes, produit de l'estonnement dans les esprits plus asseurez : Ceux que vne saincte curiosité a portez sur les lieux ont veu en plusieurs exorcismes ce qui seroit trop long à exprimer, & enfin l'executiõ du Magiciẽ abominable qui par ses Malefices a causé tãt de desolations dãs cette saincte famille. Et pour la satisfaction de ceux qui n'ont peu estre presens à cette punitiõ exemplaire, ce Tableau leur represente naifuement. estant auparavant instruicts que Vrbain Grandier Curé de ladicte Ville estoit natif du pays du Maine, Magicien de profession il y a environ neuf ans qu'il fut receu Magiciẽ & marqué par Asmodée le Demon de luxure lors de son institution, auec vne marque faicte en patte de Chat en quatre endroits, scauoir *in duobus testiculis, in duabus natibus circa anum*. Il y en a vne cinquiesme au milieu de l'eschine, toutes lesquelles marques ont esté trouvées comme à dit Asmodée aux exorcismes que faisoit Monseig. l'Euesque de Poictiers, assisté du R. P. Lactance Recolet. Ledit Curé a trois lettres dont il y en a deux Sorciers & sont marquez lesquels ont quitté le pays. Le Diable & le Curé s'entrepromirent trois choses, la premiere le rendre vn des plus eloquẽs de ce temps, & de faict c'estoit merueilles de l'entendre de quoy ie ne m'estonne, de deux mouchoirs d'eloquẽce il en auoit tousiours vn dans la main, de plus il auoit tousiours quelque Demon assistant principallement le matin. La seconde qu'il le feroit iouyr des plus belles & principalles Damoiselles de Loudun. La troisiesme de luy donner vn chapeau rouge, [& moy ie ne pense pas que le Diable en ait entendu vn autre que celuy de feu & de flammes qu'il luy a peu donner, & qu'il a a bien merité, d'autant que ce meschant homme auoit aussi promis trois choses au Diable, scauoir premierement, de ne consacrer iamais. Il a point tellement gardé sa promesse, sa priere du matin estoit de renier Dieu le pere, le Fils & le sainct esprit, & la Sacrée Vierge & tous les Saincts. Celle du soir, de renier à cresme & baptesme, Monsieur de Poictiers voyant tãt d'abominations en ce Prestre voulut scauoir de luy s'il n'y en auoit point d'autres en son Diocese qui fussent Magiciens, Sorciers ou Enchanteurs & pour ce il exorcisa fort longtemps Asmodée lequel fut cõtrainct de les nommer qui sont au nombre de dix, par nom & surnõs ma ce fut à l'oreille.

L'on peut adiouster à toutes les Relations qui se font de cette Histoire qu'il semble que les Demons en veulent particulierement à l'Ordre de Saincte Vrsule, en haine qu'ils sont de la deuotion qui se pratique en ce S. Ordre car l'insigne Magicien Gaufredy voulut perdre Madeleine de la Palud, l'vne des Sœurs de cette Religieuse Compagnie à Marseille, aussi fut il bruslé tout vif par Arrest de la Cour de Parlement de Prouence, l'an 1611. sans iamais confesser le crime de Magie non plus que le present Magicien, qui est vn artifice du malin esprit qui veut perdre le Corps & l'ame, des malheureux qui se sont donnez à ses abominations.

Mais comme toutes choses coopèrent en bien à ceux qui ayment Dieu, quand il plaira à sa bonté deliurer celles de Loudun elles tireront du profit de leurs peines & de la consolation de leurs tourmens.

Vous verrez par la coppie de l'Arrest l'integrité des commissaires & iuges souuerains ordonnez par le Roy, se monstrans aussi iuste en cette procedure pour la gloire de Dieu & de son Eglise, que redoutable en ses Armes.

Coppie de l'Arrest donné contre Vrbain Grandier.

VEV par nous Commissaires deputez par le Roy, Iuges Souuerains en cette partie, suiuant les Lettres Patentes du Roy du huictiesme Iuillet mil six cens trente & quatre, le Procez Criminel faict à la Requeste du Procureur de sa Majesté demandeur & accusateur pour Crime de Magie, Sortilege, Irreligion, impieté, Sacrilege, & autres cas & crimes abominables : D'vne part : Et Maistre Vrbain Grandier Prestre Curé de l'Eglise de Sainct Pierre de Loudun, & l'vn des Chanoines de l'Eglise de saincte Croix dudit lieu, prisonnier deffendeur & accusé : D'autre.

NOVS sans auoir esgard à la Requeste du vingtiesme du present mois d'Aoust. Auons declaré & declarons ledit Vrbain Grandier deüment attaint & conuaincu du crime de Magie, malefice & possession, arriué par son faict és personnes d'aucunes Religieuses Vrsulines de cette Ville de Loudun, & autres seculieres mentionnées au Procez, ensemble des autres cas & crimes resultans d'iceluy. Pour reparation desquels l'auons condamné & condamnons à faire amende honorable teste nuë & en chemise la corde au col, tenant en ses mains vne torche ardante du poix de deux liures, deuant les principalles portes des Eglises de Sainct Pierre du Marché & Saincte Vrsulle de cette dicte Ville de Loudun, & là à genoux demander pardon à Dieu au Roy & à la Iustice : Ce faict, estre conduit en la place publicque de Saincte Croix de cette dite Ville, pour y estre attaché à vn poteau sur vn Bucher, qui pour cet effect sera dressé audit lieu, & y estre son corps bruslé vif, auec les Pactes & Caracteres magicques, ensemble le Liure manuscrit par luy composé contre le Cellibat des Prestres, & ses cendres iettée au vent. Auons declaré & declarons tous & chacuns ses biens acquis & confisquez au Roy, sur iceux prealablement pris la somme de cent cinquante liures tournois pour estre employée à l'achapt d'vne lame de Cuivre, en laquelle sera engraué le present Arrest par extraict, & icelluy apposé dans vn lieu éminent en ladicte Eglise des Vrsulines pour y demeurer à perpetuité, & auparauant que d'estre procedé à l'execution dudit Arrest, ordonné que ledit Grandier sera appliqué à la question ordinaire & extraordinaire sur la verité de ses complices. Prononcé audit Loudun le dixhuictiesme Aoust, mil six cens trente quatre. Executé le mesme iour.

Messieurs les Deputez de par le Roy.

Monsieur de Laubardemont Conseiller d'Estat & Priué Commissaire.

POICTIERS.

Monsieur de Sorigny, Conseiller.
Monsieur Richard, Conseiller.
Monsieur de Tessec Conseiller.

ORLEANS.

M. Houmain Lieutenant Criminel Rap.

TOVRS.

Monsieur Cotereau President.
Monsieur Loquineau Lieutenant.
Monsieur Burges Conseiller.

S. MAIXINT.

M. Texier Lieutenant general Rap.

CHINON.

Monsieur Dreux Lieutenant general.
Iacques de la Barre sieur de Brisé.

BEAVFORT.

M. Hegerin Lieutenant particulier.

CHASTELLERAVT.

Monsieur de la Picherie Lieut. Crimel.
M. Denis Procureur de la Commission.
Monsieur Nozé Greffier pour icelle.

A POICTIERS,
Par RENE' ALLAIN, Imprimeur & Libraire demeurant en la Rue nostre Dame la petite, & sa Bout que dans la grand Allée du Palais.
M. DC. XXXIV. Auec Permission.

Un complot sur fond de possession satanique

Les possédées de Loudun

« Je suis Jeanne la folle…
Ursuline la folle. J'ai la cervelle de côté.
Vous gagnerez plus à me mener à Saint-Mathurin. »

Exorcisme de Jeanne des Anges,
supérieure des Ursulines de Loudun

Cette affaire, largement documentée et considérée comme la plus célèbre du genre sur le territoire français, est peut-être la plus connue de toutes celles évoquées dans le présent ouvrage. L'histoire des possédées de Loudun a fait couler beaucoup d'encre, aussi bien à l'époque des faits que lors des siècles suivants.

À l'automne 1632, dans la petite ville poitevine de Loudun, une rumeur courait les rues. Les religieuses du couvent des Ursulines seraient possédées par le Diable !

Depuis la Réforme et le développement du protestantisme en France, Loudun avait montré des signes favorables à l'égard du calvinisme. Pour cette raison, lors des guerres de Religion, la ville avait subi maintes fois les assauts des armées, qu'elles fussent royales et catholiques ou protestantes, et sa population avait été outragée chaque fois.

Loudun n'avait pas échappé non plus au choléra et aux autres épidémies qui ravageaient constamment les terres de France. En un peu plus de quarante ans, la ville avait perdu un quart de sa population.

Depuis le début du XVIIe siècle et l'installation de nouveaux religieux catholiques, le mal semblait cependant avoir quitté la ville, qui retrouvait quelque prospérité.

Mais, dans la nuit du 21 septembre 1632, trois ursulines, dont la mère supérieure du couvent, Jeanne des Anges, furent témoins d'un fait surprenant : dans le cloître endormi, une ombre rôdait. Trois jours plus tard, les mêmes religieuses étaient prises de terribles convulsions en pleine messe. Ces phénomènes se propagèrent et, en quinze jours, dix-sept religieuses étaient touchées par le mal. Toutes se laissaient aller à des comportements étranges, avaient le visage tordu de grimaces, criaient dans un langage incompréhensible ; plusieurs furent vues en train de marcher ou courir, à moitié nues, sur les toits du couvent, à toute heure du jour et de la nuit, blasphémant le nom de Dieu, du Christ et de sa mère, jouant devant les villageois médusés avec un crucifix entre les jambes.

Prévenues, les autorités religieuses agirent. On ordonna l'exorcisme des possédées. Les séances eurent d'abord lieu à l'intérieur du couvent, puis en place publique – des cérémonies qui attirèrent les badauds fascinés ou horrifiés par le spectacle de ces « vierges folles » au corps arc-bouté, qui s'exprimaient dans un langage qu'ils n'avaient jamais entendu.

Un mois passa sans que rien ne change. Prières et exorcisme ne semblaient avoir aucune prise sur ces pauvres créatures. Reste qu'il était nécessaire de trouver un coupable à cette démence. Fin octobre, Jeanne des Anges parvint à vaguement s'exprimer et à dénoncer le responsable, l'homme qu'elle avait aperçu dans les couloirs du couvent avant de perdre la raison. Il s'agissait du curé de la ville : Urbain Grandier.

Cet homme de Dieu, né en Mayenne vers 1590 d'un père notaire du roi, s'était orienté très tôt vers la prêtrise. Après son noviciat, il avait été affecté à l'église Sainte-Croix de Loudun, dans le diocèse de la cité poitevine.

Homme distingué, de belle allure et de grande culture biblique, Urbain Grandier avait pourtant mauvaise réputation auprès des catholiques. On le disait porté sur les femmes, et surtout clément à l'égard des protestants ; il s'était opposé vigoureusement à Richelieu, qui avait ordonné la destruction des remparts de la ville, rebâtis à l'époque de l'édit de Nantes quand la place de Loudun avait été accordée aux protestants.

Interrogé, le curé de Loudun nia toute implication dans cette affaire, mais il fut tout de même jeté en prison. La perquisition au presbytère aurait porté ses fruits. On y aurait trouvé plusieurs documents qui, selon les enquêteurs, prouvaient le commerce du prêtre avec le Diable.

L'ecclésiastique fut soumis à la question et torturé aux brodequins : on lui broya les jambes pour lui soutirer des aveux. Malgré la torture, il refusa de reconnaître ce dont il était accusé et affirma sa foi en Dieu. Pourtant, selon le seul témoignage que nous possédons, le compte rendu de l'inquisiteur, il aurait été déclaré coupable des « crimes de magie, maléfice et possession ». La peine alors réservée aux êtres humains accusés, à tort ou à raison, de sorcellerie était le bûcher. Il y fut conduit le 18 août 1634, et périt brûlé, un crucifix entre les mains, devant une foule immense.

En dépit de sa mort, les crises des ursulines se prolongèrent. Ce ne fut qu'en 1637, soit près de trois ans plus tard, que, miraculeusement, elles furent toutes délivrées du démon. Par la suite, certaines possédées reconnurent qu'elles avaient été forcées d'accuser le prêtre d'actes qu'il n'avait pas commis.

Dès 1632, cette histoire donna naissance à quantité de légendes, et passionna autant les historiens que les amateurs de faits divers et autres férus de démonologie. Malgré la prudence qui s'impose, il est possible d'avancer des explications rationnelles sur cette affaire des possédées de Loudun.

On sait tout d'abord que Jeanne des Anges avait très mal pris le refus d'Urbain Grandier de devenir le confesseur de sa communauté ; son accusation fut-elle par conséquent le fruit du dépit ? On sait également que la reconnaissance d'une « possession diabolique » offrait au couvent concerné des subsides appréciables pour sa survie... subsides en provenance directe des caisses royales. Enfin, des moines capucins s'étaient installés à Loudun pour y réinstaurer la foi catholique ; ils n'avaient jamais dissimulé leurs inquiétudes à l'égard d'Urbain Grandier, dont l'influence sur la population avait été jugée néfaste.

L'affaire ne fut pas seulement religieuse, elle fut aussi politique. Le cardinal de Richelieu, qui s'était personnellement investi en nommant lui-même l'instructeur du procès et les jurés, fit peu après l'exécution du curé raser les murailles de Loudun, imposant ainsi sa politique de reconquête catholique de la France. Par ailleurs, Grandier avait également contrecarré les ambitions personnelles du cardinal. Celui-ci avait fait bâtir non loin la ville qui porte toujours son nom, et, pour en tirer plus de profit, avait ordonné le transfert du grenier à sel de Loudun à Richelieu. Le grenier à sel représentait une manne financière que les habitants de Loudun ne pouvaient pas se permettre de perdre, et le curé Grandier s'était donc fortement opposé à ce transfert.

On constate qu'en effet Urbain Grandier s'était fait de nombreux ennemis. Son procès et son exécution n'ont-ils été ourdis que pour servir les intérêts des uns et des autres ?

Mme LAFARGE,

Dessinee d'après nature à la première seance.

Quand le simulacre du mariage tourne court

Marie Lafarge

« En tout cas, coupable ou innocente, Marie Capelle est morte ; elle a pour elle aujourd'hui l'expiation du cachot, la réhabilitation de la tombe. Recueillons donc les larmes qui, pendant onze ans, sont tombées goutte à goutte de ses yeux. Que ce soit le remords, l'injustice ou le désespoir qui les ait fait couler, celle qui les versait, pécheresse ou martyre, est maintenant à la droite du Seigneur ; ses larmes sont pures comme le liquide cristal qui sort du rocher. »

Alexandre Dumas père

Dans l'affaire que nous allons évoquer, le meurtre a été perpétré par une pauvre créature belle et candide enfermée dans un mariage malheureux, et à laquelle on pourrait trouver des circonstances atténuantes.

Marie Capelle, à vingt-quatre ans, était réputée jolie femme, mais elle restait célibataire. Un âge avancé dans cette France de la première moitié du XIXe siècle. L'immense majorité des femmes étaient déjà mariées et mères de plusieurs enfants. Mais Marie assumait cette singularité, ne voulant pas épouser n'importe qui. Aussi avait-elle repoussé une quantité de prétendants, parfois très fortunés. Peut-être aussi parce que cette orpheline n'était pas démunie. Outre que la légende familiale en faisait une cousine du roi régnant, Louis-Philippe Ier – sa grand-mère aurait été le fruit des amours de Mme de Genlis avec le duc d'Orléans, surnommé depuis la Révolution Philippe Égalité –, elle avait pour dot une somme de 80 000 francs-or. Son enfance, elle l'avait passée avec ses parents au château de Villers-Hélon. Elle fut instruite par des précepteurs, puis fréquenta les meilleurs établissements pour jeunes filles de l'Aisne. Là, elle apprit la musique et la littérature. Dans les soirées où elle était invitée, et même après la disparition de ses parents, elle montrait ses talents de musicienne et de poétesse. Toutefois, un soir d'été, le jeudi 4 juillet 1839, ses réticences au mariage s'étiolèrent lorsque, chez le baron Garat, gouverneur de la Banque de France, elle fit la connaissance de Charles Lafarge. Certes, la première impression fut mauvaise, mais l'homme de vingt-huit ans, déjà veuf, insista. Le lendemain, il la revit. Cette fois,

Marie lui trouva du charme. Le vendredi suivant, persévérant, Charles Lafarge lui demanda sa main, elle refusa. Le samedi, il récidiva, elle accepta. Le dimanche 8 juillet, les bans étaient publiés.

Cette précipitation étonna son entourage : Marie Capelle, qui avait repoussé fils de comtes et riches héritiers, s'entichait d'un maître de forges dont les activités se situaient dans le Limousin, à plus de cent cinquante lieues de Paris ! Qu'importe, ils assistèrent au mariage, qui se déroula dans une église du Marais le 23 juillet.

Deux jours plus tard, le jeune couple s'en allait sur les terres du mari. La route fut longue. Ils firent halte à Orléans, prirent une chambre dans un hôtel, y dînèrent. Le soir, Marie s'attarda dans le cabinet de toilette. Lorsqu'elle en sortit, son époux montra sa mauvaise humeur et fut brutal. Ce qui se passa ensuite, et que Marie vivait pour la première fois de sa vie, ne lui plut pas du tout. Des échanges des corps, elle ne savait rien. Les gestes de son mari la dégoûtèrent. Le lendemain, ils s'arrêtèrent pour la nuit chez des cousins de Charles, à La Châtre. Leur conversation, leur grossièreté offusquèrent la jeune mariée. Enfin, le 28 juillet, elle découvrit le Glantier, sa nouvelle demeure. Mais de château, il n'y avait pas. Ce que son époux lui avait vendu était en fait une chartreuse mal entretenue, vidée de ses occupants à la Révolution et que les Lafarge avaient rachetée en 1832 pour y installer leurs forges. Le logis privé était décoré de vieux meubles le plus souvent vermoulus ; les pièces, immenses, étaient toujours humides, même en plein été, et les rats, comme dans toutes les maisons où étaient entreposées les récoltes des champs, y pullulaient.

Les jours passaient, et Marie était de plus en plus désenchantée, à tel point qu'elle envisagea de partir. Le 15 août 1839, elle écrivit une longue lettre à son époux, qui fut à l'origine de sa condamnation. Elle le suppliait de lui rendre sa liberté ou de la laisser mourir. Elle lui révélait qu'elle avait de l'arsenic avec elle. Qu'elle lui avait menti. Qu'elle ne l'aimait pas. Que, si elle l'avait épousé, c'était par dépit. Que l'homme qu'elle aimait vraiment en avait épousé une autre. Qu'elle avait cru oublier cet amour, mais qu'elle avait revu cet homme à Orléans et qu'il l'avait suivie jusqu'ici. Qu'elle ne pouvait choisir entre l'un et l'autre, entre l'amour et la raison. Charles devait la comprendre, elle n'aimait pas qu'il la touche, elle ne voulait de lui qu'une affection paternelle.

Quelles furent les réactions de l'époux ? On l'ignore. Le fait est que Marie resta au Glantier et que, le 12 novembre, les époux, devant notaire, se firent don de leur patrimoine en cas de décès de l'un ou de l'autre.

Un mois plus tard, le 15 décembre, Charles Lafarge était à Paris pour ses affaires. Peu après son arrivée, il reçut un gâteau de son épouse. Elle le priait de le manger rapidement avant qu'il se dessèche. Il y goûta, le trouva mauvais. Le soir même il tomba malade, fut pris d'horribles douleurs dans le ventre. Il vomit aussi plusieurs fois. Il ne toucha plus au gâteau, qui fut jeté.

Le 3 janvier 1840, il était de retour au Glantier. Le lendemain, les douleurs revinrent, plus fortes. Le 5, alors que le médecin avait été appelé, Marie en profita pour lui demander de l'arsenic afin de tuer ces rats qui couraient dans le grenier et qui troublaient le repos du malade. Une requête qu'elle avait déjà faite alors que son mari venait de partir pour Paris, et qu'elle renouvela le 10, pour les mêmes motifs. Chaque fois, ces ordonnances avaient été rédigées en présence de la mère de Charles, qui détestait sa bru, et du valet de ce dernier, M. Denis. Malgré les soins, Charles dépérissait. Le 14 janvier, il rendit l'âme. Aussitôt, sa mère accusa Marie de l'avoir empoisonné et avertit le procureur. Une enquête fut ouverte, une autopsie fut pratiquée. Effectivement, les viscères du cadavre contenaient de l'arsenic. L'avocat de Marie Lafarge fit dépêcher de Paris un brillant chimiste qui devait démontrer que l'arsenic est naturellement présent dans le corps humain, mais il n'arriva pas à temps. Une perquisition fut faite au Glantier et à l'appartement parisien pour y rechercher le gâteau. Le 23 janvier, Marie fut arrêtée. L'affaire fit grand bruit. Elle en déclencha une autre. En effet, au cours du printemps précédent, alors que Marie était chez une amie, Mme Léautaud, un vol de bijoux d'un montant de 8 000 francs de perles et de diamants avait été commis. Ils furent retrouvés au Glantier, durant la perquisition.

Le 9 juillet 1840, à Brive, s'ouvrit le procès de la voleuse. Marie se défendit mal et écopa de deux ans de prison. Quant au procès pour homicide, il débuta le 30 septembre. Cette fois, la veuve sut parfaitement tenir tête à l'accusation.

Si son mari avait cru qu'elle l'empoisonnait, il aurait conservé le gâteau ! Non, elle ne connaissait rien aux poisons, ni à leurs effets, d'ailleurs. Les maux de ventre, les vomissements ? N'importe qui en avait connu après avoir mangé des aliments mal conservés. Les ordonnances pour l'arsenic ? C'était le Dr Bardou qui les lui avait délivrées, devant témoins et alors qu'il soignait Charles pour un mal de ventre. Quant au Dr Massenat, il avait envisagé un ulcère à l'estomac ! Seul le Dr Lespinas évoqua le poison, mais après que tout le monde en eut parlé ! Mme Brun, artiste qui faisait le portrait de Marie, l'avait juste vue mettre de la gomme dans le chocolat de son époux. Si Marie avait voulu empoisonner son mari, elle n'aurait jamais fait un tel geste devant quiconque ! Quant à l'argent, il ne pouvait être le mobile : par sa dot, elle avait renfloué les affaires Lafarge qui se portaient mal, et elle avait même fait un emprunt pour les consolider. Reste que rien ne fut jamais dit sur les relations intimes des deux époux. Durant seize jours, Marie Lafarge se défendit avec énergie. Effectivement, les preuves manquaient pour l'accuser de meurtre. Mais elle avait été condamnée pour vol. Or une voleuse était une criminelle, et les criminelles pouvaient tuer. Ce fut sur cette conviction que Marie Lafarge fut condamnée aux travaux forcés à perpétuité.

S'élevèrent des voix pour la soutenir. La famille Bonaparte fut parmi ses défenseurs. Dès son élection à la présidence de la République, Louis-Napoléon Bonaparte commua sa peine en prison à vie. Devenu empereur des Français, il la gracia en juin 1852. Mais Marie était malade, elle avait la phtisie. Elle décéda le 7 novembre 1852, dans le petit village où elle s'était réfugiée, Ornolac, au pied des Pyrénées.

Aujourd'hui encore, cette affaire reste une énigme judiciaire, de nombreuses zones d'ombre persistent. Des membres de la famille de Marie Lafarge cherchent à obtenir une révision de son procès.

Une cruelle mise à mort dans le Périgord vert

Alain de Monéys

« Quel a été le motif de cet épouvantable crime ? D'après L'Écho de la Dordogne*, un "meneur inconnu aurait répandu le bruit, dans le champ de foire de Hautefaye, que M. de Monéys aurait crié : 'Vive la République ! À bas l'empereur !' et qu'il faisait passer de l'argent à la Prusse pour nous faire la guerre." »*

L'Univers, 21 août 1870

Alors que le Second Empire agonisait, que certains espéraient encore un revirement de situation dans une guerre perdue d'avance, un drame sur fond de politique se joua dans ce qui est l'actuel département de la Dordogne. Un crime abominable fut commis dans la petite commune de Hautefaye, et les raisons qui motivèrent ce geste demeurent obscures tant l'innocence de la victime est évidente.

Pourquoi Alain de Monéys, jeune notable originaire de la région, est-il devenu le bouc émissaire d'une foule prête à tout pour lui faire payer un forfait qu'il n'avait pas commis ? C'est ce que nous allons essayer de percer à jour dans les pages qui vont suivre.

Le 19 juillet 1870, la France, par la voix de Napoléon III, déclarait la guerre à la Prusse. L'empereur avait décidé de commander personnellement son armée en confiant la régence à son épouse, l'impératrice Eugénie. Il souhaitait aussi emmener avec lui le prince impérial, en espérant que ce baptême du feu sacrerait le garçon, qui avait quatorze ans.

Ce choix, l'essentiel des Français l'approuvait. Il y avait une revanche à prendre contre les Allemands depuis la défaite de Sadowa en juillet 1866. Mais peu connaissaient la santé chancelante de leur empereur, et moins encore étaient au courant de l'état pitoyable de l'armée française. Par ailleurs, la mobilisation et la concentration des troupes avaient pris du retard et se déroulaient dans la confusion. La piètre instruction des réservistes et de la garde mobile était frappante, tout comme leur indiscipline et leur mauvais état d'esprit. Le commandement était également défaillant : peu d'expérience, faibles connaissances stratégiques.

À l'inverse, l'armée allemande était remarquablement commandée par le chef d'état-major Moltke, qui avait choisi l'offensive depuis la déclaration de guerre, en prévoyant de couper le plus rapidement possible l'armée française de ses communications vers Paris, de la refouler vers le nord, pour retourner ensuite vers la capitale, au moyen de trois armées.

Napoléon III, lui, avait décidé un coup de main sur Sarrebruck, base arrière des opérations allemandes en Lorraine. La ville fut prise sans difficulté, mais les Français ne surent pas exploiter ce succès en allant plus avant dans le territoire ennemi. Moltke, croyant à une attaque générale de la Sarre, lança une contre-offensive violente et massive. Le 4 août, une des divisions de Mac Mahon fut surprise par des Prussiens dix fois plus nombreux. Le 6, le maréchal lui-même fut vaincu entre Woerth et Reichshoffen, et fut obligé de sacrifier sa cavalerie pour se dégager. Une défaite qui engendra l'abandon de l'Alsace à l'ennemi. Les Allemands s'installaient en Lorraine pendant que les Français se rassemblaient autour de Metz.

Quelques heures avaient suffi pour anéantir les ambitions de l'armée française. Reste que dans les campagnes de France, en ce début d'août, loin du conflit, on se persuadait d'une victoire rapide. Par ailleurs, cet été 1870 fut l'un des plus chauds de l'époque. Une chaleur dont on se souvint longtemps, puisqu'en 1947, alors que Paris était confronté à une canicule exceptionnelle, on parlait encore de ce fameux été 1870.

C'est dans ce contexte particulièrement tendu que le 19 août, en Dordogne, eut lieu l'un des crimes collectifs les plus odieux que l'on ait vus depuis longtemps. C'était le temps de la foire annuelle aux bestiaux de Hautefaye. Évidemment, tout le monde parlait de la sécheresse et de la guerre. Les conversations devinrent houleuses lorsqu'un certain Camille Maillard, plus au courant des événements que d'autres, fit mention des difficultés rencontrées par l'armée française lors du conflit ; pire, il envisageait déjà sa prochaine défaite. La bataille de Reichshoffen était selon lui un désastre. Il fut accusé d'être un mouchard à la solde des Prussiens pour démoraliser la ferveur nationale, et on faillit en venir aux mains. Maillard eut juste le temps de se faufiler pour éviter d'être agressé par ses adversaires.

Deux heures plus tard, sur la même place, arrivait le cousin de Maillard, Alain de Monéys. Rapidement, il fut informé de l'altercation du matin. Il refusa de croire les accusations portées contre son cousin et s'ingénia à le défendre ; il fut aussitôt pris à partie. On le soupçonna lui aussi de travailler pour l'ennemi. Puis il fut accusé de soutenir financièrement les Prussiens, d'avoir crié « Vive la République ! À bas l'empereur ! » ou encore « Vive la Prusse ! » ; certains le confondirent même avec son cousin. La chaleur accablante et l'abus de vin n'arrangeant rien, Monéys fut bientôt dénoncé comme traître.

La dispute se mua en chasse à l'homme. On n'avait pas pu avoir Maillard, on aurait Monéys. Un mouvement de rage gagna peu à peu la foule. Le lynchage commença. Coups de pied, de poing, de bâton, jets de pierre. Alain de Monéys tomba, fut piétiné par les sabots, se releva, courut, fut rattrapé. Le curé intervint, arme à la main, mais très vite il dut se réfugier dans le presbytère, où il essaya de calmer le jeu en invitant tout le monde à boire à la santé de l'empereur, mais rien n'y fit. Le maire, averti, tenta lui aussi de protéger Monéys en le faisant entrer dans une forge. La porte fut défoncée, le maire fut écarté, Monéys saisi. Une corde était prête pour le pendre : à quel autre châtiment pouvait s'attendre un traître à la patrie ? Malgré sa faiblesse, Monéys parvint une nouvelle fois à échapper à ses agresseurs, jusqu'à ce qu'il soit rattrapé de nouveau et cogné de plus belle ; l'homme s'écroula, mort ou presque. Son corps fut traîné à travers les rues. On envisagea de l'écarteler avant de se résoudre à le brûler. Le corps de Monéys fut encore une fois traîné jusqu'à une mare asséchée où il fut jeté, peut-être encore vivant ; on le recouvrit de fagots et de bottes de paille, avant d'allumer le feu.

Pour n'avoir rien fait d'autre que de prendre la défense d'un cousin qui avait dit la vérité, un homme fut condamné à mort et exécuté dans les pires conditions. La justice fit son travail, et vingt et une personnes furent inculpées. Le procès se déroula du 13 au 21 décembre 1870, alors que tout le monde était désormais au courant des défaites françaises d'août et septembre, de la capture puis de l'abdication de Napoléon III, de la préparation d'une nouvelle république et de la prochaine signature du traité de paix entérinant la victoire allemande.

Quatre des agresseurs de Monéys furent condamnés à mort : François Chambord, le meneur, maréchal-ferrant de son métier ; Pierre Buisson, cultivateur ; Léonard Piarrouty, chiffonnier ; et François Mazières, cultivateur lui aussi. Les autres écopèrent de peines allant de un à huit ans de travaux forcés.

L'exécution eut lieu le 6 février 1871, sur la place où tout avait commencé, devant une centaine de personnes dont plusieurs, sans avoir été inquiétées, avaient, par leurs cris, encouragé ces hommes à tuer.

LA RECLUSE DE POITIERS

Une femme séquestrée et martyrisée

VINGT-CINQ ANS DE CAPTIVITÉ. — HORRIBLES DÉTAILS

Délivrance de la victime. — Émouvantes et nouvelles Révélations

Arrivée du Commissaire de Police rue de la Visitation à Poitiers

LA SÉQUESTRÉE DE POITIERS

Une pauvre femme enfermée et martyrisée pendant vingt-cinq ans !!!

Un crime abominable, qui dépasse en horreur tout ce qui s'était vu jusqu'ici, et dont l'exécution n'a pas duré moins d'un quart de siècle, vient d'être découvert en plein centre de la France, dans une ville de 40,000 habitants, à Poitiers, chef-lieu du département de la Vienne, et ancienne capitale du Poitou.

Une pauvre femme a été séquestrée, tenue prisonnière depuis vingt-cinq ans, par ses parents mêmes, sa mère et son frère !

N'est-il pas effrayant de songer que ce n'est pas dans l'un de ces pays barbares que l'Europe prétend civiliser, que ce n'est pas à l'époque sombre du Moyen-Age, mais au début du vingtième siècle, et au cœur de la nation qui répand sa lumière sur le Monde, que de pareils faits peuvent se produire !

On reste confondu en pensant qu'il a été possible de tenir en prison une femme, durant ces longues années, sans que l'opinion publique en soit informée ! Et cela, par des gens que l'on est convenu d'appeler la meilleure société, des soutiens ardents de la monarchie et de l'église, membres de la Société d'Encouragement au bien, fervents de l'autel et du confessionnal !

La famille Monnier. — Un ancien sous-préfet réactionnaire. — Découverte de la femme martyre.

La famille Monnier de Marconnay compte parmi les plus aristocratiques de la ville de Poitiers. La femme Monnier-mère, est une vieille avare millionnaire et septuagénaire. Elle a deux enfants : un fils, Marcel Monnier, et une fille, Blanche, dont nous avons particulièrement à nous occuper. Marcel Monnier, docteur en droit, a été sous-préfet au moment du Seize-Mai, sous le ministère de Broglie, de triste mémoire. Il est membre de la Société d'Encouragement au Bien, de la Société de la Croix-Rouge, de la Société de Saint-Vincent de Paul, etc. Il est marié et a lui-même une fille, qui s'est retirée avec sa femme chez les bonnes sœurs de l'Assomption, après son arrestation qui eut lieu dans les circonstances suivantes :

Il y a quelque temps, le procureur de la République reçut une lettre dont voici le texte exact :

« Monsieur le procureur général,

« J'ai l'honneur de vous dénoncer un fait d'une exceptionnelle gravité. Il s'agit d'une demoiselle qui est enfermée chez Mme Monnier, privée d'une partie de nourriture, vivant sur un grabat infect, depuis vingt-cinq ans, en un mot dans sa pourriture ».

Cette dénonciation, on l'a su depuis, émanait d'un jeune soldat qui courtisait une bonne au service de la mère Monnier.

Au reçu de cette lettre le parquet de Poitiers, malgré l'énormité du fait révélé se décida à faire une enquête, et voici ce qu'il découvrit, malgré la résistance et les protestations de la noble famille.

Dans une pièce située au-dessus de l'appartement de la veuve Monnier, la fille de celle-ci, Blanche Monnier était *enfermée depuis vingt-cinq ans...*

Lorsque le commissaire central ouvrit la porte, une obscurité presque complète y régnait. Une odeur infecte se répandait dans le réduit, dont la fenêtre était fermée, garnie de bourrelets, et les persiennes closes, cadenassées.

Dans un coin se trouvait un grabat une paillasse pourrie. Là, sur une toile cirée, reposait un être humain réduit à l'état de bête sauvage, se cachant sous une couverture, poussant des gémissements inarticulés.

La malheureuse était entièrement nue. Sa maigreur était telle qu'on eût dit un squelette ; les cuisses étaient de la grosseur du poignet d'une personne ordinaire, les bras comme le goulot d'une bouteille ; les doigts avaient le volume d'un crayon et, au bout, des ongles d'une longueur démesurée. Quant à la figure, c'était à faire frémir. Les cheveux, mêlés depuis tant d'années, formaient une natte indescriptible, semblable à du crin emmêlé. Là-dedans grouillait une vermine énorme et infecte.

L'infortunée était couchée sur une sorte de croûte formée par ses excréments, ses déjections, des débris de viande, de pain en putréfaction entassés là depuis des années ; autour de tout cela, des vers énormes rampaient, des rats, de la vermine de toutes sortes vivaient là et se reproduisaient en toute liberté, au milieu de cette infection constante.

Arrestation des coupables. — La complicité muette des domestiques. — La légende de Mlle Blanche Monnier.

Aussitôt après cette lamentable découverte, on procéda à l'arrestation de Marcel Monnier, l'ancien sous-préfet. Celui-ci qui habite une maison située en face de celle où sa sœur était retenue prisonnière, se défendit de toute culpabilité, disant que sa mère faisait ce qu'elle voulait, et qu'il n'avait qu'à lui obéir... Pauvre enfant ! comme il aime sa mère !

La veuve Monnier fut arrêtée peu après ; et son âge, — soixante-quinze ans ! — lui fit obtenir d'être conduite à l'infirmerie de la prison. Elle prit avec elle un réticule bourré de liasses de billets de banque et d'obligations ainsi que de rouleaux d'or. Cependant, dans sa prison, elle s'occupe à casser des noix *pour gagner un peu d'argent !*

Les coupables ne fournissent aucune explication sur leur crime. On sent qu'un mystère douloureux plane sur cette affaire. Cependant, d'après des personnes autorisées, voici la légende qui a cours :

Mlle Blanche Monnier était, paraît-il, fort jolie ; ceux qui l'ont connue s'en souviennent comme d'une jeune fille charmante et spirituelle, aimant les toilettes, le bal et tous les plaisirs distingués ; on la voyait dans toutes les fêtes, à toutes les belles cérémonies ; elle possédait tout ce qui semble devoir rendre heureuse une existence : elle était jolie, élégante et riche.

Puis, subitement, elle disparut, on ne la vit plus nulle part.

On ne comprend pas à quel mobile a obéi la mère de Mlle Blanche Monnier en séquestrant sa fille d'aussi abominable façon. Plusieurs versions continuent à avoir cours, mais la plus répandue est celle-ci :

Mlle Monnier avait vingt-sept ans quand elle fut demandée en mariage par le fils d'un avocat, député de notre ville, M. C..., avocat lui-même, et qui, mort en 1895, avait à cette époque quarante ans environ.

La famille de la jeune fille se refusa obstinément à cette union. Mlle Blanche Monnier fut très affectée de ce refus. Son cœur l'emporta sur le cerveau et elle donna quelques marques du trouble de son esprit. Elle fut alors privée de liberté, enfermée, verrouillée. La raison s'obscurcit tout à fait et elle tomba peu à peu dans l'état d'abandon et d'abjection où la justice vient de la trouver.

Ce qu'il y a de plus étrange dans cette affaire, et qui montre bien la puissance de l'argent et du parti monarchiste dans certains pays, c'est que, depuis l'internement de la malheureuse femme, quatorze bonnes ont passé chez la veuve Monnier. Elles ont dû, nécessairement être au courant de ce qui s'y passait ; mais, soit crainte d'être inquiétées ou de ne pouvoir trouver d'autre place, aucune n'a osé parler.

La victime. — Transportée à l'Hôtel-Dieu. — On espère la sauver.

Mlle Monnier, aussitôt après l'arrestation de ses bourreaux, a été transportée à l'Hôtel-Dieu, elle pesait exactement quarante et une livres, et son immense chevelure a été seule en pesait plus de cinq. Elle était si lourde que la malheureuse, à la porter, a contracté une légère déviation du cou.

Le commissaire a envoyé au greffe une natte de cheveux coupée sur la tête de la recluse. Ces cheveux sont cordés, depuis 20, peut-être 25 ans ; ils sont d'un noir d'ébène. Si on pouvait les développer, ils mesureraient un mètre cinquante de longueur. La natte est dégoûtante de saleté. Une infecte croûte la durcit et en fait une masse à laquelle les procédés chimiques eux-mêmes ne rendraient pas la propreté.

Quoiqu'il en soit, on espère, dès maintenant, pouvoir sauver la misérable victime, que l'on entoure de tous les soins nécessaires, et qui retrouve peu à peu son intelligence voilée par une aussi longue captivité.

Que va-t-on apprendre lorsqu'elle sera complètement revenue à elle, et pourra raconter les motifs et les détails de son long supplice ?

Maintenant les coupables sont entre les mains de la justice. L'opinion publique, qui a été si lente à s'émouvoir, réclame à présent le châtiment des criminels. Des inscriptions menaçantes se lisent tous les matins sur la porte et les murs des deux maisons occupées par les Monnier, mère et fils.

Disons, en attendant les révélations extraordinaires qui vont se produire, que les deux criminels sont passibles, aux termes de l'article 312 du code pénal, des travaux forcés à perpétuité.

Grande Complainte sur la pauvre femme séquestrée

GRANDE COMPLAINTE

DE LA

Séquestrée de Poitiers

Air : de *Fualdès*

I

Una histoire épouvantable
Vient d'attrister le Poitou ;
C'est à vous en rendre fou,
Car ce crime lamentable
Paraîtra bien odieux
A tous les cœurs généreux !

II

Dans une noble famille
Portant le nom de Monnier,
Vint d'âge à se marier
Une brune jeune fille...
Ame pure, en floraison,
Aussi... Blanche que son nom !

III

Mais elle avait une mère
Avare et bigote aussi,
Pour qui l'or, métal maudit,
N'était pas une chimère...
Qui pour garder son argent
Refusa son consentement.

IV

Blanche avait aussi un frère,
Qui, bien loin de l'adorer,
Afin de la torturer
S' ligua avec la mégère.
Et d'un, chambre d' la maison
Pour ell' fit une prison.

V

Lors, la pauvre demoiselle
A souffrir se résigna...
Pour toujours on l'enferma
Ainsi qu'une criminelle,
Au fond d'un cachot obscur,
Seule entre les quatre murs...

VI

Elle cessa de paraître
En face de ses amis.
Afin d'étouffer ses cris
On verrouilla la fenêtre,
Espérant que ce cachot
Serait bientôt son tombeau !

VII

Bien longtemps, enterré vive,
Soir et matin, jour et nuit,
Sa cellule retentit
Du son de sa voix plaintive...
Les échos ont répété
Ses appels de liberté !

VIII

Parfois, sa pauvre main frêle
Tentait d'ébranler le mur...
Au fond du réduit obscur,
Comme une brebis qui bêle,
Elle allait, se lamentant,
En criant : « Maman ! Maman ! »

IX

Mais la mère restait sourde
A la voix de son enfant,
Dont les efforts impuissants
Après la porte trop lourde
S'épuisaient, ô désespoir !
Au fond de son cachot noir...

X

Puis, sur son grabat immonde,
Blanche tombait en pleurant...
Oh ! les ignobles parents !
Peut-il exister au monde
Des infâmes scélérats
Comme ces deux monstres-là !

XI

Un monceau de pourriture
A Blanche servait de lit...
On jetait dans son réduit
Une infecte nourriture ;
Elle faisait ses repas
De c' que les rats n' voulaient pas !

XII

Son corps était un squelette
Hideux, sale et décharné,
Pendant que son frère aîné
Joyeus'ment faisait la fête
Et qu' sa mèr', la veuv' Monnier
A l'église allait prier !

XIII

Ils pensaient que leur victime,
Recluse en ces sombres murs,
Deviendrait folle à coup sûr,
Et pour effacer leur crime,
Espéraient que sa prison
Lui f'raient perdre la raison...

XIV

Ainsi cette pauvre femme
Vécut pendant vingt-cinq ans !
Quel cruel acharnement
Avaient ces tigres infâmes,
Endurcis et sans remords
Qui n'attendaient que sa mort !

XV.

Mais un beau jour, la justice
Arriva chez les Monnier,
Et vint enfin délivrer
De son terrible supplice
La victim' dont l'âme en deuil
N'aspirait plus qu'au cercueil...

XVI

Cette marâtre coupable,
Ce frère dénaturé,
Vont rendre compte aux jurés
De leur crime abominable ;
Ces chacun, en ce moment,
Réclame leur châtiment !

MORALE

La morale de ce crime
C'est que de ces faux dévots,
Des avar's et des cagots,
Chacun peut être victime,
Et qu' parfois l' confessionnal
N'est pas loin du tribunal !

Léon HAYARD, Imprimeur, 24, rue Saint-Joseph, PARIS

Un enfermement insalubre nimbé de mystère

Blanche Monnier

*« Les magistrats ont trouvé Mlle M…
dans un état de saleté et de maigreur extraordinaires
et à peu près privée de raison. »*

La France,
26 mai 1901

L'histoire qui suit n'est pas, contrairement aux autres affaires de cet ouvrage, un sanglant fait divers, mais une énigme irrésolue. L'histoire qui suit raconte la séquestration durant un quart de siècle d'une jeune Poitevine du nom de Blanche Monnier.

À Poitiers se trouvait une grande bâtisse bourgeoise mal entretenue. Là vivait depuis des années la veuve du doyen de la faculté de lettres de Poitiers, Mme Monnier de Marconnay, en compagnie de deux domestiques. Une maison tranquille en apparence, mais qui le 24 mai 1901 se retrouva au centre de toutes les conversations. La veille, la justice avait été avertie par une lettre anonyme qu'une femme y était séquestrée depuis plus de vingt ans.

Le soir du 24, vers 18 h 30, le commissaire et plusieurs agents se rendirent à l'adresse indiquée par la lettre, bientôt rejoints par le parquet. Au second étage, dans une chambre fermée à clef de l'extérieur et aux volets clos et cadenassés, ils découvrirent, étendue sur un mauvais grabat, entourée de ses déjections, une créature nue à peine couverte par une vilaine couverture trouée. Une puanteur insupportable imprégnait la pièce. La femme était d'une maigreur extraordinaire, ses cheveux qui n'avaient pas été coupés depuis des années lui tombaient jusqu'aux mollets. Cette chevelure formait une forêt inextricable pour une quantité de bestioles ; le corps était, quant à lui, couvert d'ulcérations produites par la vermine. La malheureuse semblait avoir dans les cinquante ans. La lumière du jour lui fit mal aux yeux, et cette agitation soudaine provoqua chez elle une si grande peur qu'elle se cacha le visage. Une ambulance la transporta aussitôt à l'Hôtel-Dieu de la ville afin qu'elle y reçoive les premiers soins. Elle ne pesait plus que 25 kilos. Si une momie pouvait se mouvoir, elle aurait eu l'apparence de Blanche Monnier, la fille de Mme Monnier de Marconnay.

Marcel, le frère de Blanche, était un notable. Il habitait avec son épouse et ses deux filles la maison d'en face. Le 25 mai, il fut arrêté pour séquestration et mauvais traitements.

Le lendemain, la gendarmerie retourna au domicile de la séquestrée et arrêta sa mère. Malgré son âge avancé et sa faible constitution, Mme Monnier de Marconnay fut conduite en prison, où elle vécut sa détention à l'infirmerie de la maison d'arrêt.

Quant à Blanche, et alors que les médecins doutaient encore de la sauver, elle trouvait la force de s'extasier sur la propreté des lieux où elle avait été transportée, visiblement heureuse de dormir dans des draps blancs.

Par le voisinage, la gendarmerie apprit qu'on la savait folle, mais personne n'aurait imaginé de telles conditions de vie. Peu à peu, les langues se délièrent.

Vingt-cinq ans auparavant, Blanche, qui était alors très belle, s'était éprise d'un jeune avocat. Mais l'homme était sans fortune, et sa mère avait refusé le mariage. Depuis lors, Blanche n'était plus sortie de la maison. Cette absence fut remarquée, ses parents s'expliquèrent : leur fille était devenue folle, folle d'amour, ils ne pouvaient pas la laisser aller et venir. On plaignit la famille comme la démente. On ne fut plus surpris alors de ces volets toujours fermés, on ne s'étonna plus des cris et des appels au secours provenant de la maison.

Mme Monnier, interrogée par les gendarmes, affirma quant à elle que sa fille avait une maladie incurable qui nécessitait une claustration rigoureuse, et qu'il était devenu progressivement impossible de l'approcher.

On interrogea les domestiques ayant servi cette famille, mais on n'en sut guère davantage tant leurs témoignages étaient contradictoires ou incomplets.

La mère de Blanche décéda le 8 juin dans le mépris le plus complet ; celle qui autrefois avait été plainte était maintenant considérée comme un monstre. Personne ne se décoiffa au passage du corbillard. Tous désormais s'apitoyaient sur la victime. Les journaux en firent des portraits successifs et l'affaire émut la France entière.

Mme Monnier décédée, il ne restait plus à juger que le frère de Blanche. Cependant, Marcel Monnier de Marconnay ne pouvait pas être accusé de séquestration, ne vivant pas lui-même dans la même maison que Blanche et sa mère. Seul le délit de non-assistance à personne maltraitée pouvait être retenu par la justice. Un délit dont la peine était double : financière d'abord, mais d'un montant ridicule, puisque l'amende allait de 16 à 200 francs ; la seconde était la privation de liberté, mais elle ne pouvait pas excéder deux ans.

Le procès débuta le 7 octobre 1901 et dura cinq jours. À la barre des témoins, les bonnes défilèrent, tenant un discours différent selon l'époque à laquelle elles avaient travaillé chez les Monnier et les relations qu'elles avaient entretenues avec feu Mme Monnier. Les dernières en poste soutinrent que Marcel rendait régulièrement visite à sa mère et qu'il en profitait pour voir sa sœur. Il restait avec elle une demi-heure environ, sans être apparemment incommodé par la puanteur et la saleté de la chambre. De l'avis général, Blanche avait été confinée sur ordre de sa mère, qui n'avait jamais voulu placer sa fille dans une maison de santé.

Le médecin qui suivait Blanche depuis la fin de son calvaire avait néanmoins pris contact avec des confrères qui l'avaient soignée dans sa jeunesse. Il apporta un autre regard sur cette histoire. Selon les témoignages collectés, Blanche aurait été dépressive depuis l'adolescence. Son goût pour l'isolement était apparu dès 1873, mais tant que son père et son grand-père avaient vécu, ils avaient su la protéger. Ce désir d'enfermement avait augmenté au décès des deux hommes et après le choc de sa rupture avec le jeune avocat. Les relations difficiles avec sa mère n'avaient rien arrangé.

Outre que la réclusion de Blanche Monnier était volontaire, le Dr Gilles de la Tourette, lui-même poitevin, assura pour sa part que cette femme avait des tendances exhibitionnistes ; elle se serait ainsi montrée nue plusieurs fois à sa fenêtre, raison pour laquelle les volets demeuraient cadenassés.

Si le jugement permit de faire reconnaître que les fragilités psychologiques de Blanche n'étaient pas essentiellement dues à l'enfermement, il fit également valoir la privation de soins dont elle avait été victime. Pourquoi Marcel n'avait-il pas pris soin à la fois de sa mère et de sa sœur, a fortiori quand l'état de cette dernière l'exigeait ? On jugea ainsi que cet abandon constituait un attentat par violence et voie de fait, et Marcel fut condamné à quinze mois de prison. Il fit aussitôt appel et fut acquitté un mois plus tard. Quant à Blanche, elle acheva sa vie dans un asile pour aliénés où elle décéda le 13 octobre 1913. Elle n'en aurait jamais voulu à son frère, mais se serait mise en colère chaque fois qu'on lui parlait de sa mère.

Le Petit Journal

Le Petit Journal
CHAQUE JOUR — 6 PAGES — 5 CENTIMES
Administration : 61, rue Lafayette

Le Supplément illustré
CHAQUE SEMAINE 5 CENTIMES

5 Centimes SUPPLÉMENT ILLUSTRÉ 5 Centimes

Le Petit Journal Militaire, Maritime, Colonial.... 10 cent.
Le Petit Journal agricole, 5 cent. * * La Mode du Petit Journal, 10 cent.
Le Petit Journal illustré de La Jeunesse..... 10 cent.
On s'abonne sans frais dans tous les bureaux de poste

ABONNEMENTS

	SIX MOIS	UN AN
SEINE ET SEINE-ET-OISE	2 fr.	3 fr. 50
DÉPARTEMENTS........	2 fr.	4 fr. »
ÉTRANGER............	2 50	5 fr. »

Les manuscrits ne sont pas rendus

Dix-huitième année — DIMANCHE 14 AVRIL 1907 — Numéro 856

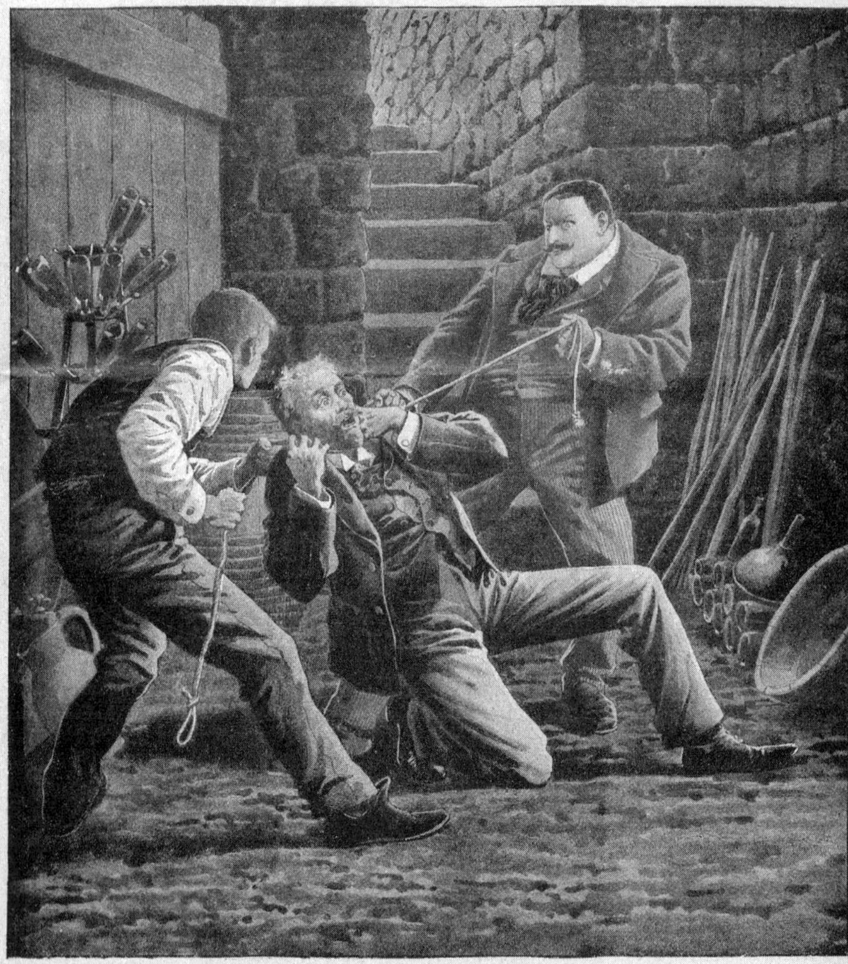

LE CRIME DE LANGON

Branchery et Parrot étranglent M. Monget dans la cave du café de la Gare

Une entrée mortelle dans l'antre de l'horreur

Le crime de Langon

« *Quand vint la nuit, l'âme inquiète,*
Ces bandits, clandestinement
Traînèrent Monget, commodément
Sur une sinistre brouette ;
Et dans la Garonne, en secret,
Ils le jetèrent sans un regret. »

Le Crime de Langon, complainte sur ce sujet
Paroles d'Ernest Voillequin, air de *Fualdès*,
dans *Les Annales du Crime*, 1907

Les crimes commis durant la Belle Époque sont légion. Parmi eux, le meurtre crapuleux perpétré sur la personne de Jean-Théodore Monget. En voici le récit.

M. Monget, sous-directeur d'une compagnie d'assurances à La Réole, s'était le 6 février 1907 rendu en train à Langon pour encaisser à l'entrepôt des tabacs une somme de 1 500 francs. De là, il devait se rendre à Verdelais, à bicyclette, pour régler un sinistre. Il n'y parut jamais. Il avait mystérieusement disparu. Les recherches effectuées par sa famille restèrent vaines ; tout ce qu'elle apprit, c'est que vers 15 heures, ce fameux 6 février, il avait été aperçu près du Café de la Gare, à Langon, puis plus rien. La justice commença ses investigations, mais n'obtint pas plus de résultat. L'agent d'assurances et sa bicyclette restaient introuvables.

On envisagea toutes les hypothèses, mais aucune ne put être confirmée. Malgré la mobilisation importante des forces de police, les recherches tournèrent court, et ce jusqu'au 2 mars 1907.

La gendarmerie travaillait parallèlement sur une autre affaire. Depuis plusieurs semaines, des vols importants étaient commis à Langon et dans les environs. Le 2 mars, les gendarmes parvinrent à mettre la main sur l'un des malfaiteurs, Émile Gasol, qui dénonça ses complices : son frère Joseph et Eugène Branchery, le tenancier du fameux Café de la Gare de Langon. La gendarmerie ne fit pas tout de suite le lien entre les deux affaires, mais l'enquête sur les cambriolages avançait. Le 5, les gendarmes arrêtaient à Bazas un autre membre du groupe, Henri Parrot. Toujours pour cette affaire de vols, les enquêteurs allèrent jusqu'à Angoulême interroger une jeune femme qui avait été servante à l'auberge du Café de la Gare, Henriette Courrèges. Elle fournit, le 7 mars, des renseignements précieux. Non seulement elle évoqua les difficultés financières de son ex-patron et avoua avoir eu connaissance des cambriolages, mais elle parla aussi de Monget. Elle soutint que l'assureur était un habitué des lieux, mais qu'elle ne savait pas où il était. Toutefois, elle déclara qu'à Bordeaux, le 7 février, Joseph Gasol et Henri Parrot avaient fait des dépenses inconsidérées. Était-ce avec l'argent des cambriolages ? Avec celui de l'assureur ?

Henriette Courrèges ne s'arrêta pas là et mentionna bientôt le nom de Lucia, la femme du tenancier. Selon ses dires, Lucia Branchery était à l'origine de la disparition de Monget et de son portefeuille généreusement rempli. Après l'avoir attiré dans la grande salle, vers 16 heures, elle avait laissé son mari le tuer. Puis le tenancier avait traîné le cadavre dans le couloir pour le dissimuler sous l'escalier. Vers 19 heures, Lucia était partie pour Bordeaux. Plus tard, Eugène Branchery, aidé par Parrot et Gasol, avait transporté le corps enveloppé d'une couverture jusqu'à la Garonne pour l'y jeter.

Henriette assura que son amant, Joseph Gasol, n'avait pas participé au meurtre, et que les seuls responsables étaient les Branchery. Ceux-ci, arrêtés, nièrent tout.

Les recherches reprirent les 14, 15 et 16 mars le long des rives du fleuve, et d'autres perquisitions furent conduites à l'auberge. On fouilla la maison de la cave au grenier, on piocha le sol en terre battue de la cave, mais toujours rien, pas un seul indice.

Henriette fut de nouveau interrogée. Il s'avéra qu'à l'auberge elle ne faisait pas que servir, il lui arrivait aussi de jouer de ses charmes pour soutirer de l'argent aux clients. C'était même presque une règle, confirma-t-elle, et quand le client résistait, il était battu, menacé de mort. La peur du scandale obligeait les victimes à se taire.

Finalement, Gasol passa aux aveux. Sa version différa quelque peu de celle de sa maîtresse. Ce n'était plus Branchery qui avait porté le premier coup, mais Parrot, caché dans le couloir. Monget, atteint d'un coup de marteau derrière la tête, avait chancelé, puis s'était écroulé sur le parquet. Branchery était alors entré en scène, et avait étranglé l'assureur. Le corps avait été transporté à la cave, où on lui avait fait les poches. Gasol n'avait été prévenu du crime que le soir, quand le tenancier lui avait demandé de l'aide pour se débarrasser du cadavre. Pour se donner du courage, ils avaient bu du champagne, puis ils avaient détruit la bicyclette dont ils avaient jeté les pièces dans la Garonne. Enfin, un peu avant minuit, ce fut au tour du corps, qu'ils immergèrent au même endroit. Au retour, ils se partagèrent le butin ; Gasol toucha 250 francs.

Parrot avoua aussi et précisa que, faute d'avoir lesté le corps, celui-ci était remonté à la surface, et avait été rapidement emporté par le courant. Enfin, Branchery se confessa ; il dénonça ses complices, assurant qu'ils avaient plus de vingt crimes à leur actif, et enfonça un peu plus Parrot qui, selon lui, aurait été à l'origine du meurtre.

Mais le cadavre restait introuvable, aussi les recherches reprirent-elles. Le 3 avril, on récupéra enfin les roues de la bicyclette, puis le cadre. Quelques jours plus tard, c'était la couverture ayant servi à envelopper le corps qui était découverte. Ces éléments rendaient crédibles les dépositions accusant Branchery. Celui-ci argua que Monget avait tenté d'abuser de sa femme, il n'avait fait que la défendre. On ne le crut pas.

L'enquête révéla peu à peu toute une organisation qui dépassait largement la ville de Langon et ses environs. Hélas, malgré toute l'énergie dépensée, la dépouille de l'assureur demeurait introuvable. Enfin, au petit matin du 27 octobre 1907, un corps en phase avancée de décomposition et enlisé dans les sables refit surface. Les enfants de Monget vinrent l'identifier : le cadavre était bien celui de leur père. L'autopsie révéla qu'il avait eu le crâne défoncé. L'enquête était terminée, le procès pouvait commencer.

Il débuta le 26 février 1908 et s'acheva le 29. Henriette Courrèges fut acquittée et aussitôt libérée ; Lucia Branchery et Joseph Gasol furent accusés de complicité de meurtre, de vol et de recel ; Eugène Branchery et Henri Parrot furent reconnus coupables de vol et de meurtre. L'épouse fut condamnée à la prison à perpétuité et Gasol à quinze ans de travaux forcés. Quant à Branchery et Parrot, ils obtinrent la condamnation la plus sévère : la peine de mort. Leur pourvoi en cassation fut rejeté le 27 mars. Mais le président Armand Fallières, fervent partisan de l'abolition de la peine de mort, les gracia le 20 juillet. Après un court séjour au bagne de Saint-Martin-en-Ré, les trois hommes partirent pour le bagne de Guyane. Gasol y décéda en 1909 et Branchery, en 1913. Parrot, après une tentative d'évasion ratée en 1910, vit sa peine réduite à quinze ans en 1926.

PARTIE 8

Occitanie et Provence-Alpes-Côte d'Azur

LES AFFAIRES CRIMINELLES DE LA RÉGION

1667

Un complot mortel dans le Languedoc

Le meurtre de la marquise de Ganges

1815

La colère gronde en Provence

Guillaume Brune

1817

Une « politique » et mystérieuse mise à mort

Antoine Fualdès

1868

Les empoisonneuses de Marseille

Quatre femmes et un herboriste

1929

Bienvenue dans le mas de l'horreur !

Alexandre Ughetto et Stephan Mucha

PENDANT CE TEMPS-LÀ EN FRANCE

1667

LE 27 AOÛT, après que l'armée royale de Louis XIV a envahi les Pays-Bas espagnols, la ville de Lille est conquise et devient française.

1815

LE 1ER MARS, Napoléon Ier, qui a quitté l'île d'Elbe où il était prisonnier, débarque à Golfe-Juan avec près de 900 hommes pour marcher sur Paris et reprendre le pouvoir. Commence la période des Cent-Jours, qui s'achève par la défaite de Waterloo.

1817

LE 8 JANVIER, après le rétablissement de l'esclavage par Napoléon Ier, le gouvernement de Louis XVIII tente de limiter le commerce humain en interdisant l'introduction de nouveaux esclaves noirs dans les colonies françaises qui sont alors toutes outre-Atlantique.

1868

LE 11 JUILLET, après avoir toléré à partir du mois de mars l'existence des chambres syndicales, Napoléon III crée la Caisse d'assurance en cas de décès ou d'accident du travail. Un mois plus tard, la parole de l'ouvrier est reconnue égale à celle de l'employeur devant la justice.

1929

LE 24 FÉVRIER, la Ligue contre l'antisémitisme est créée à Paris.

Un complot mortel dans le Languedoc

Le meurtre de la marquise de Ganges

« Madame, c'est sans compliment que je vous fais savoir qu'il faut mourir tout à l'heure, et choisir sans délai ce feu, ce fer ou ce poison qui vous sont destinés à cet effet. »

« Histoire véritable de la mort déplorable de Madame la Marquise de Ganges, empoisonnée & massacrée par l'Abbé et le Chevalier de Ganges ses Beaux-frères, le 13 may mil six cens soixante-sept »,
dans *Les Histoires tragiques de nostre temps*
de François de Rosset, 1669

Crime crapuleux ou vengeance ourdie de toutes pièces par des membres de sa propre famille ? Voilà ce que l'on peut se demander à la lecture de l'histoire tragique de Diane de Joannis de Chateaublanc, marquise de Ganges.

Elle naquit vers 1635 dans l'ancienne capitale de la papauté, Avignon, dans une famille de la noblesse provençale. Mariée à treize ans au marquis de Castellane, qui en avait trente de plus, elle fut présentée à la cour, où elle eut l'honneur de retenir l'attention du jeune Louis XIV, avec qui elle dansa. Sa beauté lui valut d'être surnommée « la belle Provençale ».

Son époux, nommé gouverneur des galères royales, mourut noyé au cours d'une tempête. La jeune veuve se retira quatre ans dans un couvent, avant de se remarier en 1658 avec un aristocrate dont les terres n'étaient guère éloignées des siennes, Charles de Vissec de Latude, comte puis marquis de Ganges. De ce second mariage, elle eut deux enfants, Alexandre et Marie-Esprite.

En 1663, elle hérita de l'immense fortune de son grand-père paternel, décédé dans des circonstances suspectes, et porta dorénavant le nom de ce dernier, devenant pour tous Mme de Joannis de Chateaublanc, marquise de Ganges. Quelques mois plus tard, le 19 mars 1664, elle rédigea un testament qui établissait sa mère comme sa seule et unique héritière, avec charge pour cette dernière de transmettre un jour ses biens à ses deux enfants. Elle accompagna le texte d'une déclaration publique par laquelle elle révoquait d'avance tout testament ultérieur. Cette démarche n'était pas exceptionnelle. Outre que la coutume provençale permettait aux filles de conserver un titre de noblesse et d'hériter en plus de leur dot, elles avaient le droit de faire leur testament à leur convenance et de léguer leur fortune à qui bon leur semblait. Bien sûr, du côté de l'époux de la marquise, ce choix ne plut guère. La tradition aurait voulu qu'elle le désigne comme son légataire et administrateur de ses biens, avant la majorité de leurs enfants.

Par ailleurs, les affaires du marquis n'étaient guère florissantes. Les dettes s'accumulaient et la marquise paraissait plus soucieuse de conserver son patrimoine que de soutenir son mari. En outre, vinrent bientôt vivre au château familial des Ganges, à Montpellier, les deux frères de l'époux. Le cadet, Henri, était abbé, même s'il n'était pas encore ordonné prêtre, et le puîné, Bernardin, simple chevalier. Deux hommes de bonne naissance, certes, mais sans le sou. Une situation qui ligua peut-être les trois frères contre cette épouse et belle-sœur riche et finalement encombrante.

À partir de quelle époque cherchèrent-ils à se débarrasser d'elle ? L'histoire ne le dit pas. Mais, selon la rumeur, les deux frères, chacun à leur tour, s'évertuèrent d'abord à la séduire, pensant parvenir ainsi à lui faire casser le testament. Ces tentatives ayant échoué, ils songèrent à une mesure plus radicale, l'empoisonnement. Le premier essai se solda par un échec. Le second fut autrement plus agressif.

Le 17 mai 1667, profitant d'un déplacement du marquis aux États du Languedoc, les deux frères pressèrent une nouvelle fois leur belle-sœur de rédiger un autre testament en faveur de son mari. Sous la menace, elle se résigna. Ils avaient cependant négligé de lui faire rétracter sa déclaration publique, ce qui invalidait, de fait, tous leurs efforts. Dans l'ignorance de ce fait, ils poursuivirent le plan qu'ils avaient élaboré : tuer la gêneuse. Ils tentèrent d'abord de l'empoisonner discrètement, mais le goût du mets proposé était si mauvais que Diane le rejeta. Néanmoins la marquise se sentit mal et partit se reposer dans sa chambre. Là, les deux frères passèrent à la vitesse supérieure et, entrés dans la pièce où se trouvait leur belle-sœur, lui donnèrent à choisir entre le poison, l'épée ou le pistolet. Terrifiée, elle opta pour la première solution et fit mine d'avaler le produit, tout en demandant qu'avant de rendre l'âme elle puisse se confesser. Ils ne purent refuser cette dernière volonté et convoquèrent le vicaire Perrette, qui était leur complice. Diane profita de ce moment pour se faire vomir en s'enfonçant sa tresse de cheveux dans la gorge, puis s'enfuit par la fenêtre et courut se réfugier dans une maison voisine. Le propriétaire était absent, mais il y avait là plusieurs femmes. Le chevalier de Ganges fit irruption dans la demeure, trouva Diane, et tout en terrorisant les autres femmes, frappa sa belle-sœur de deux coups d'épée. Parce qu'elle résistait toujours, cherchant encore à fuir, il lui assena cinq autres coups. Au dernier coup, l'épée se brisa dans l'épaule de la marquise, sans l'achever. Dans ce tumulte, l'abbé, venu à la rescousse de son frère, surgit dans la maison, et tenta d'abattre la marquise d'un coup de pistolet. L'arme s'enraya. Il essaya de lui défoncer le crâne avec la crosse, mais les femmes de la maison se jetèrent sur lui. Les deux assassins prirent la fuite. Le complot avait lamentablement échoué, mais le mal était fait. La marquise de Ganges décéda dix-neuf jours après avoir été martyrisée, non pas des suites de ses blessures mais du poison qu'elle avait ingurgité.

Prévenu, le marquis ne s'était pas précipité au chevet de son épouse. Essaya-t-il, comme on le dit, d'obtenir de sa femme mourante la rétractation de sa déclaration publique concernant son testament ? Nous l'ignorons. La mère de la marquise porta plainte devant le parlement de Toulouse, qui rendit son arrêt le 21 août 1667. L'abbé et le chevalier furent condamnés à périr sur la roue, le vicaire Perrette fut envoyé aux galères ; le marquis, malgré de forts soupçons de complicité, fut condamné en l'absence de preuves matérielles à être dégradé de son titre de noblesse, à avoir ses biens confisqués et être banni du royaume. Des condamnations par contumace, car tous, sauf le vicaire, avaient pris la fuite. Ce dernier n'effectua pas sa peine ; il trouva la mort avant de monter sur un navire. Les trois frères avaient quant à eux quitté la France. Le chevalier se mit au service de la république de Venise et fut tué au siège de Candie contre l'armée turque. Le marquis était peut-être aux côtés de son frère. D'autres affirmèrent qu'il s'était caché le reste de sa vie en France. Quant à l'abbé, il changea de nom, se fit appeler M. de la Martelière, devint protestant, voyagea jusqu'en Hollande où il fut un temps précepteur du fils du comte de la Lippe. Épris d'une demoiselle alliée de la comtesse, il lui révéla son identité. L'affaire était connue jusqu'aux Pays-Bas ; la demoiselle le dénonça, il manqua de se faire arrêter. Réfugié à Amsterdam, il épousa en secret une jeune femme, se fit admettre dans le consistoire et mourut quelque temps plus tard.

Cette affaire passa à la postérité essentiellement grâce à la littérature. Il est vrai qu'avec quelques retouches elle pouvait devenir particulièrement sulfureuse. Le marquis de Sade fut l'un des premiers à y voir tout l'érotisme qu'il pouvait en tirer pour son roman *La Marquise de Gange*, paru en 1813. Pensez donc, une jeune femme aux prises avec trois frères et une combinaison de séduction, d'intérêts et de meurtre ! Tout au long du XIXe siècle, les adaptations se succédèrent, au théâtre et sous la plume de Dumas père (dans un des romans de ses *Crimes célèbres*) et de Charles Hugo (dans *Une famille tragique*).

Mort du maréchal Brune, massacré à Avignon, le 2 août 1815, d'après une gravure du temps. (Page 23, col. 2.)

La colère gronde en Provence

Guillaume Brune

« Le 2 juillet, en même temps que les puissances alliées déclaraient Napoléon prisonnier de guerre, on assassinait le maréchal Brune à Avignon. […] Je me dis alors qu'un jour, quand je serais homme, j'irais à Avignon et […] je ferais payer sa mort à ses assassins. »

Extrait des *Mémoires*
d'Alexandre Dumas père

Personne n'aurait pu imaginer pareille infamie au cœur de la région avignonnaise. Certes, le contexte politique est très tendu en ce début de XIXe siècle, et les alliances entre monarchistes et bonapartistes sont alors omniprésentes, mais de là à assassiner un grand serviteur de la nation dans sa chambre d'hôtel, il y a un grand pas que la seconde Terreur blanche aura permis.

Voici l'histoire tragique d'un maréchal de France qui, au service de l'Aigle comme de Louis XVIII, aura vu sa fin précipitée par des royalistes en furie : le patriote Guillaume Brune.

Ce provincial né sous Louis XV, en 1763, n'aurait jamais dû vivre un tel destin si la Révolution n'avait pas éclaté et s'il n'avait su profiter de ce moment pour devenir l'homme qu'il fut. Dès 1791, alors qu'il venait d'avoir vingt-huit ans, il s'engagea dans la Garde nationale. Ce fut une révélation. L'homme montra rapidement des talents de commandement et progressa d'une manière fulgurante dans la carrière militaire. En 1792, il était chef de brigade, l'année suivante, il s'illustrait victorieusement contre Wimpfen à Pacy-sur-Eure. En 1795, ce républicain convaincu, qui avait su traverser tous les différents gouvernements de la Révolution grâce à son amitié avec l'un des membres du Directoire, Barras, poursuivit son chemin. Remarqué par Napoléon Bonaparte, il servit en Italie, et participa aux victoires d'Arcole et de Rivoli. Devenu général de division à la suite de cette campagne, il fut nommé au Conseil d'État à la place de Berthier, après le 18 Brumaire. L'Italie lui allait bien, il y retourna et conserva pour la France ses conquêtes. Preuve que l'homme n'était pas seulement une brute militaire, doué seulement pour tuer afin de remporter une bataille, il fut désigné pour exercer la charge très délicate d'ambassadeur de France en Turquie, qu'il occupa des années. Autant que ses exploits militaires, ses succès à ce poste contribuèrent à son prestige, que Napoléon Ier sut reconnaître en lui accordant le titre très prestigieux de maréchal d'Empire en 1804. Mais l'homme se lassa peu à peu de cette vie et prit ses distances avec le pouvoir. Par ailleurs, Guillaume Brune était resté républicain, et la dérive monarchique du pouvoir napoléonien ne lui convenait pas. Lorsque les hommes de Louis XVIII lui tendirent la main, il ne la refusa pas pour autant. Mais lorsque son ancien compagnon de guerre s'évada de l'île d'Elbe pour reprendre le pouvoir, il lui vint en aide aussitôt.

Davout lui avait confié le commandement de la 8e division milanaise, installée à Marseille pour protéger la frontière du Piémont. Le 2 juin 1815, pour s'assurer de sa fidélité, l'empereur le faisait pair de France et comte de l'Empire. Mais la défaite de Waterloo et la seconde abdication de Bonaparte, suivie du retour de Louis XVIII à Paris le 14 juillet, avaient annihilé tous ses espoirs. Brune devait le reconnaître, il avait perdu lui aussi. Louis XVIII le fit demander pour qu'il s'explique sur sa trahison. Afin de protéger sa personne, il avait été envisagé de le conduire par bateau jusqu'au Havre. Mais Brune refusa. Il remonterait par les routes de France, assumant ainsi tous ses choix aux yeux de ceux qui avaient tant aimé leur empereur et qui aujourd'hui voyaient en lui un tyran.

Il quitta Toulon, le 1er août 1815, vers 2 heures du matin, avec un laissez-passer de son remplaçant, le marquis de Rivière. Déjà, en traversant Aix-en-Provence, reconnu par des royalistes, Brune avait essuyé plusieurs insultes et avait été menacé. Mais le maréchal était encore très bien protégé par les gardes qui l'entouraient – gardes qui rapidement l'abandonnèrent à son propre sort en retournant sur Toulon alors que la voiture de Brune se dirigeait vers Avignon, escortée seulement de quelques hommes. Informé des troubles dans la ville, Brune avait demandé à la contourner. Mais le maître de poste devait y changer ses chevaux, il refusa. Ils entrèrent dans Avignon vers 10 heures du matin. Les papiers du maréchal et des hommes qui l'accompagnaient furent longuement examinés, lui faisant perdre du temps. Brune fut reconnu. La nouvelle courut dans l'ancienne cité des papes. Les curieux se rassemblèrent autour des deux voitures qui formaient le maigre cortège du maréchal. L'un d'eux, un certain Soullier, plus fort en gueule, commença à l'insulter, à lui reprocher la torture puis l'assassinat de la princesse de Lamballe, alors qu'il n'y était pour rien. Brune et ses hommes étaient prêts à partir lorsque le chef d'escadron, par excès de zèle, demanda à revoir leurs papiers. La foule était de plus en plus dense, de plus en plus vindicative. Brune entra dans l'hôtel tout proche, et il lui fut conseillé de se réfugier au premier étage dans la chambre du nouveau préfet, M. de Saint-Chamans. Celui-ci tenta de calmer la foule. Brune, malgré les insultes et les quolibets, crut pouvoir braver cette masse humaine, toujours excitée par Soullier. Mais il ne put franchir le seuil de l'hôtel en raison des fagots qui y avaient été disposés et qu'on s'apprêtait à enflammer. Prévenu, le maire, Guillaume Puy, arriva sur les lieux, et soutenu par le préfet dont il faisait au même instant la connaissance, tenta de ramener ses concitoyens à la raison. Il ne fut pas plus entendu que Saint-Chamans. Quant aux hommes d'armes chargés d'endiguer ce qui risquait de devenir un vrai tumulte, ils ne firent guère d'efforts pour contenir cette foule toujours plus énervée. Brune, de son côté, songeant à se défendre contre ce peuple en colère, avait demandé qu'on aille lui chercher ses pistolets dans sa voiture ; cela lui fut refusé, au motif que la pression populaire était bien trop forte. On pensait encore que les gens se lasseraient et qu'ils iraient vaquer à leurs occupations ; mais non.

Bientôt des échelles furent placées sur la façade de la bâtisse, bientôt des hommes y grimpèrent et, par les combles, pénétrèrent dans l'hôtel. Brune était à sa table et rédigeait une lettre lorsque Soullier et quelques autres entrèrent armés dans la chambre où il se trouvait. Brune se leva, leur fit face. L'un des assaillants, Louis Fargue, le pointa avec son pistolet. Brune saisit le bras armé, la balle lui effleura le front. Fargue sortit une autre arme, mais le pistolet s'enraya, cependant qu'un autre, dit Roquefort, passait derrière Brune pour lui tirer une balle dans la nuque. Brune tomba à terre, il était presque 3 heures de l'après-midi. Par la fenêtre ouverte, la mort du maréchal fut annoncée, et la foule qui n'avait rien vu fut en liesse.

L'assassinat était évident, pourtant il fut dit et écrit que Brune s'était lui-même donné la mort. Le juge d'instruction qui vint constater le décès l'affirma, tout comme le préfet, le commissaire de police et le procureur du roi. Seuls le chirurgien du maréchal et le maire, Guillaume Puy, se refusèrent à ratifier ce faux témoignage.

Il fut décidé d'inhumer Brune aussitôt au cimetière Saint-Roch. Mais la foule, qui n'était pas rassasiée, suivit le cortège et, depuis le pont de bois, jeta le cadavre dans le Rhône où, pendant un long moment encore, on lui tira dessus. Ce fut près d'Arles que le corps fut retrouvé et identifié. Sa veuve réclama sa dépouille. On dit que le cercueil resta plusieurs années dans le salon de son château, avant d'être définitivement enterré auprès de celui de son épouse.

Air de Fualdès.

I

Écoutez, peuple de France
Et de la banlieue aussi :
Vous connaissez, Dieu merci,
De Fualdès l'existence,
Et comment il a pris fin
Par la main des assassins.

II

Cette affaire se déroule
Sur les bords de l'Aveyron,
Et tous ceux qui la verront
En auront la chair de poule.
La date — soyons succinct —
Est vers mil huit cent vingt-cinq.

III

Parlons d'abord de Taillade,
C'est un excellent Bancal;
Pour lui succès radical!
Et quant à sa camarade,
Madame Marie Laurent,
Elle est superbe vraiment.

IV

Gravier, c'est ainsi qu'on nomme
L'acteur qui fait Fualdès,
Ce magistrat me paraît
Cousin de monsieur Prudhomme.
Son langage est verbeux,
On l'égorge, — c'est fâcheux!

V

Deshaies, Montal, rien qui vaille,
Deux horribles chenapans :
Il faut beaucoup de talent
Pour paraître aussi canaille,
Surtout quand on ne l'est pas,
Et je crois que c'est leur cas.

VI

Petit est un bon comique,
Courtès un vieux des plus chics;
Marie Delresne au public
A paru fort sympathique;
Berthe Gébert et Walter
Sont tous les deux à citer.

VII

Rochard est un habile homme;
Ce vieux drame, à l'Ambigu,
Saura, j'en suis convaincu,
Rapporter de fortes sommes;
Chapeaux, culottes et fracs,
Les costumes sont exacts.

VIII

Je le dis avec franchise :
Quoique monsieur Fualdès
Dans la ville de Rodez
Soit mort jadis par surprise
Depuis près de soixante ans,
Il peut vivre encor longtemps.

Une « politique » et mystérieuse mise à mort

Antoine Fualdès

« Elle avait égorgé son mari comme on avait égorgé Fualdès, en le saignant, elle l'avait salé, mis dans deux vieux poinçons, en morceaux, absolument comme s'il se fût agi d'un porc. »

Extrait de *La Muse du département*,
Honoré de Balzac, 1837

Nous sommes en 1817, le contexte de l'époque est explosif. Deux ans après la chute de l'Aigle, la seconde Terreur blanche a fait de très nombreuses victimes. Le roi Louis XVIII est de retour sur le trône français et les altercations entre républicains, monarchistes et impériaux sont légion. C'est sur ce fond de tensions qu'arrive aux oreilles du pouvoir une énigmatique et horrible affaire de sang s'étant déroulée dans la cité de Rodez, au sud-ouest du territoire occitan. Il s'agit dans cette affaire criminelle de l'assassinat d'un notable de la ville et non des moindres : un magistrat anciennement révolutionnaire aux idées plutôt modérées mais non bourboniennes. Son nom : Antoine Bernardin Fualdès.

Cette sordide histoire débuta le jeudi 20 mars 1817, vers 6 heures du matin, alors que Mme Puech, qui avait quitté son époux et leur maison de Monastère-sous-Roche pour se rendre dans un village voisin par la route longeant les eaux de l'Aveyron, remarqua soudain, à la hauteur du moulin de Besse, un cadavre flottant sur la rivière. Elle se mit aussitôt à crier, alerta le meunier, Foulquin, qui, à l'aide de cordes, parvint à ramener le corps sur la berge. L'un et l'autre connaissaient le mort. Il s'agissait de M. Fualdès, ancien procureur impérial de Rodez. Les autorités furent prévenues par Mme Puech et, très vite, la nouvelle se répandit dans la ville. Un ami de Fualdès, percepteur des contributions, M. Sasmayous, accusa aussitôt les royalistes. Il y voyait un acte terroriste destiné à effrayer le peuple, en somme un crime de la Terreur blanche.

Vers 9 heures, l'enquête avait déjà commencé. Furent présents sur le lieu où le cadavre avait été sorti de la rivière le juge d'instruction, M. Teulat, le substitut du procureur du roi, M. Dornes, le lieutenant de gendarmerie, M. Daugnac. Le chirurgien qui les accompagnait, M. Bourget, constata une blessure longue de plus de dix-huit centimètres dans le cou du mort, entamant profondément la gorge. L'arme utilisée avait dû être un couteau ou un mauvais rasoir. Elle avait sectionné la carotide gauche et la veine jugulaire. Cette blessure était la seule trace remarquable sur le corps du défunt et était cause de la mort. Par ailleurs, le vol n'était pas le mobile du crime puisque l'homme avait toujours sur lui son argent. Évidemment, au regard du passé de Fualdès, tous pensèrent à un règlement de comptes politique, mais pas forcément royaliste. On chercha à établir son emploi du temps le jour de sa mort. Fualdès avait déjeuné dans un cabaret mal famé, la maison Bancal, non loin de chez lui. Les soupçons se portèrent sur la propriétaire et sa fille, mais aussi sur les personnes présentes ce jour-là, dont un certain contrebandier, nommé Boch, et Jean-Baptiste Collard, qui logeait à l'auberge. S'y trouvaient également un portefaix, Jean Bousquier, une blanchisseuse, Anne Benoist, et son amant. On interrogea aussi les gens de l'entourage de la victime : l'agent de change Joseph Jausion, son épouse Victoire Bastide, son beau-frère Bernard-Charles Bastide, filleul de la victime, à qui il devait de l'argent. Tous furent arrêtés. Mais le vol n'était pas le mobile du crime. Une vieille affaire datant de 1809, un infanticide auquel Jausion aurait été mêlé, que Fualdès aurait appris et n'aurait pas voulu étouffer, fut une piste jugée plus crédible, mais sans preuve possible.

Il y avait trop de zones d'ombre dans cette affaire. Et puis, il y avait le passé de la victime. Fualdès avait exercé différentes fonctions publiques importantes sous la Révolution. Il avait notamment été membre du tribunal révolutionnaire de Paris, présidé par Fouquier-Tinville. S'il fut l'un des seuls à défendre le général de Custine, il avait été de ceux qui avaient mené à l'échafaud Charlotte Corday et quantité d'autres. Il avait démissionné avant le procès de la reine Marie-Antoinette, et s'en était retourné en Aveyron, occupant dès lors la charge d'administrateur public au tribunal criminel du département. Sous le consulat, cet ami de Barrès conserva ses fonctions. Devenu bonapartiste, il fut juge puis procureur général de la cour d'assises de ce même tribunal, prenant sa retraite à la fin des Cent-Jours. Les rancunes contre lui étaient forcément nombreuses. Et le nouveau régime monarchique donna parfois à certains l'audace de la vengeance.

L'hypothèse la plus probable restait cependant le mobile d'ordre privé. Toutefois, le fils de la victime, Didier Fualdès, qui s'était porté partie civile, communiqua un document anonyme au magistrat chargé de l'instruction, qui assurait que Fualdès avait été tué parce qu'il était au courant de l'évasion et de la survie supposée du petit Louis XVII. Un document qui pouvait laisser entendre que Louis XVIII, l'oncle de l'enfant et à présent roi de France, avait usurpé le trône. Les hommes de celui-ci auraient-ils supprimé

Fualdès pour l'empêcher de parler ? Des rumeurs qui firent les gorges chaudes de plusieurs journalistes peu royalistes, qui par ailleurs en relayaient d'autres provenant, celles-ci, de Rodez. Les enfants de la fille Bancal, mis à l'hospice après l'incarcération de leur mère, racontaient à qui venait leur rendre visite la scène du meurtre sans envisager les conséquences qu'un tel récit pouvait avoir sur l'avenir de leur mère et de leur grand-mère. Fualdès aurait été égorgé sur la table de la cuisine avec un couteau de boucher, et le sang, recueilli dans une gamelle, aurait été donné au cochon qui en avait été rapidement rassasié. Une histoire qui fit la joie des journalistes, qui purent bientôt titrer qu'à Rodez on égorgeait les gens comme des cochons. Finalement, le crime politique fut abandonné ; on se polarisa sur le règlement de comptes familial sur fond de banales histoires d'argent. Un meurtre tout à fait quelconque en somme, s'il n'avait pas, pour son jugement, occasionné autant de procès. Trois au total !

Le premier s'ouvrit le 18 août 1817 à Rodez et se prolongea presque un mois. Onze accusés, deux cent quarante-trois témoins à charge, soixante-dix-sept à décharge : du jamais-vu dans cette province ! Le verdict fut à la hauteur de l'événement. Mais un vice de forme imputable au greffier le fit annuler. Un second fut annoncé à la cour d'Albi. Il se déroula du 25 mars au 5 mai 1818. Les accusés n'étaient plus que huit – trois des inculpés, dont Marianne Bancal, fille de la cabaretière, avaient été acquittés à la fin de l'été précédent. Le verdict du jury fut pratiquement le même que celui énoncé à Rodez. Bastide, Jausion et Collard furent condamnés à mort, et exécutés le 3 juin 1818. La veuve Bancal, Boch et Anne Benoist obtinrent perpétuité. Bousquier, à l'origine des premières révélations, et le coutelier qui avait vendu l'arme du crime écopèrent de deux ans de travaux forcés. Mais l'affaire n'était pas achevée. Entre-temps, trois nouveaux suspects avaient été arrêtés. Ils furent jugés lors d'un troisième procès, toujours à Albi, qui se tint entre le 21 décembre 1818 et le 15 janvier 1819. Comparaissaient l'ancien commissaire de police de Rodez et deux parents de Bastide. Mais tous trois furent finalement relaxés.

Première année — N° 48 | Un numéro : 10 centimes | 20 Décembre 1868

DIRECTEUR
F. POLO

ABONNEMENTS
DÉPARTEMENTS

Bureaux : rue du Croissant, 16

RÉDACTEUR EN CHEF
F. POLO

ABONNEMENTS
PARIS
Un an . . . . 5 fr.
Six mois . . . . 3 »
Trois mois 1 60

Bureaux : rue du Croissant, 16

L'ÉCLIPSE

JOURNAL HEBDOMADAIRE

LA GRRRANDE COMPLAINTE
DES EMPOISONNEUSES DE MARSEILLE, PAR GILL

SUR L'AIR CÉLÈBRE DE *FUALDÈS*

I

Apprenez tout's, femm's d'Europe,
Femm's de Marseille et d'Paris,
Qu'd'empoisonner son mari
Peut fair' passer pour salope
Un'créature du ciel...
Et mêm'madam'Gabriel!

II

Pourtant c'était un' douc' femme;
Mais c'est un garçon d'café
Qui l'a toquée et qu'a fait
Tout-à-fait d'elle une infâme :
C'qui n'est pas le moins piquant
C'est qu'il s'appelait *Piquant*.

III

Baptistin' Dye, la commère
D'qui naquit cett' pauvre enfant,
Lui dit : « Tiens, pour toi, j'me fends
» Du plus tendr' conseil de mère :
» J'crois qu'ton mari, comm'le mien,
» A b'soin d'un bon pharmacien. »

IV

Là d'sus tout's deux, en grande joye,
S'en vont pour m'sieu Gabriel,
Un liquoriste sans fiel,
Chez l'herborist' nommé Joye,
Lui d'mander des p'tits paquets
Qui donn't beaucoup de hoquets.

V

En mêm'temps, dans la mêm'ville,
Epouse d'même agrément,
Quoiqu' pleine de sentiment,
Existait un'madam' Ville
Par qui l'maçon Marino
Etait app'lé : « Mon coco! »

VI

L'mari mort, ell'dit : « Mon ange,
J'te veux à moi tout entier;
Empoisonnons ta moitié, —
C't accident n'est plus étrange! » —
Mais Marino va, l'brutal!
Chez l'procureur impérial.

VII

D' la Flayol j'n dis rien, mesdames,
Ni d'l'à Salvago non plus :
Si c'n'est pas tout's les vertus,
Y a du bon dans ces deux femmes.
La Flayol, c'est là qu'est l'chien-
Dent, s'nommait mamzell'Lechien.

VIII

Mais sachez, qu'dans l'occurrence,
Comm'rival' ce Joye avait
La Lamberte, qui savait
Lui faire un'rud' concurrence,
Connaissant aussi l'métier
D'la poudr' blanch' dans du papier.

IX

Après tout c'la, vous dirai-je
Comme on peut (l'monde en a ri!)
Tuer aussi son mari
Par cet affreux sortilège :
Un *Pater*, un bout d'ruban,
Avant l'*Ave*, l'mari.... Vlan!

X

L' sublime à notr' connaissance,
C'est c' garçon d'café chantant,
Qui dit d'un ton enchantant
Pour prouver sa r'connaissance
Avec un' voix d' *la si do* :
« Cett' Gabriel me sciait le dos! »

XI

Quoiqu' la plupart de ces dames,
D'amour aient beaucoup donné,
On n' leur a pas pardonné
(Tous ces jurés sont sans âmes!)
Rigaud, plein d' férocité,
Prononc' *la* perpétuité.

MORALE :

V'là la moral' de l'histoire :
O vous, femm's à sentiments
Qui sentez l'besoin d'amants
Pour n'pas avoir l'humeur noire,
N'prenez pas, — c'est un' leçon!
Garçon d'café ni maçon!

ADOLPHE PERREAU.

Les empoisonneuses de Marseille

Quatre femmes et un herboriste

« Que dire de ceux qui se sont faits empoisonneurs comme d'autres se font bouchers, charcutiers, qui font un métier d'ôter la vie comme d'autres de la donner. »

Les empoisonneuses de Marseille. Sept accusés. Trois victimes. Procès complet, contenant l'acte d'accusation, l'interrogatoire des accusés, l'audition des témoins, le réquisitoire du Procureur impérial, les plaidoiries des avocats, etc., impr. T. Samat (Marseille), 1868

Il est souvent dommage pour des férus de criminologie (et j'en fais partie) de s'apercevoir que nombre d'affaires criminelles françaises et étrangères sont en voie d'être complètement oubliées. Par mes recherches pour ce livre, j'en dépoussière quelques-unes, dont celle qui va suivre.

Cette histoire se déroula à Marseille, durant l'année 1868. Elle porte sur quatre femmes qui furent jugées pour avoir empoisonné des maris trop encombrants avec le concours d'un herboriste.

Cette histoire aurait très bien pu ne jamais faire la une des journaux, si l'une des protagonistes, Françoise Lambert, dite Fanny, n'avait pas été trop près de ses sous, ce qui l'a conduite à dévoiler maladroitement une entreprise qui fonctionnait particulièrement bien. Inquiète que son associé devenu rival, François Joye, herboriste de profession, ne lui dame le pion dans ce business lucratif de vente de toxiques, elle s'était aventurée à le dénoncer à l'une de ses prochaines victimes.

Le 20 août 1868, Fanny Lambert débarquait affolée sur la place du marché aux fleurs à la recherche de Miette Marino. Mais la bouquetière était absente. Alors Lamberte, comme on l'appelait, chargea sa collègue et amie Angélique Jourdan de prévenir Miette au plus vite du danger qu'elle courait : son mari avait une maîtresse et celle-ci avait l'intention de l'empoisonner, avec le soutien de l'herboriste de la rue

Panier. D'ailleurs, cette mauvaise femme n'en serait pas à son premier coup : elle venait d'assassiner son mari !

Le lendemain, Angélique racontait l'aventure à Miette, qui, le soir, interrogea son époux. Barthélemy Marino nia tout. Miette lui fit confiance, elle n'en reparlerait plus. Reste que Lamberte avait dit au moins une partie de la vérité. Barthélemy avait effectivement une maîtresse, Marie Ville, dont le mari était effectivement décédé à l'hiver dernier, faisant d'elle une riche veuve. Pourtant, Barthélemy n'avait pas l'intention de quitter sa femme pour sa maîtresse. Aussi, et pour en avoir le cœur net, il interrogea le lendemain Marie Ville, qui contesta avoir voulu empoisonner sa femme, mais admit connaître Fanny Lambert ainsi que l'herboriste. Elle reconnut également avoir tué son mari. C'étaient ces deux-là qui lui avaient fourni les toxiques nécessaires. Barthélemy alla voir l'herboriste, lui laissa croire qu'il voulait se débarrasser de son épouse, lui avoua qu'il était l'amant de Marie Ville, et prétendit vouloir refaire sa vie avec elle. Après un temps de réflexion, Joye lui promit la poudre sous trois jours. Cette rencontre eut lieu le 24 août. Le soir même, l'amant retrouvait sa maîtresse. Il lui confia sa peur d'être pris. Elle éclata de rire, et lui dit qu'elle connaissait au moins deux autres femmes, une certaine Roseline et la veuve Gabriel, tenancière d'un débit de boisson rue Fontaine-d'Armory, qui avaient fait de même – l'une s'adressant à Lamberte, l'autre à Joye –, et que personne n'y avait rien vu.

Le 27 au soir, l'herboriste apporta à Barthélemy la poudre blanche et des herbes, lui conseillant d'exécuter son crime hors de Marseille.

Barthélemy se rendit aussitôt à la police avec ces preuves. Une enquête fut ouverte. Les produits furent analysés. La poudre était de l'arsenic et les herbes, des feuilles de belladone. Le 29 août, Fanny Lambert, François Joye, Marie Ville, Roseline Salvago et Joséphine Gabriel étaient arrêtés. Tous avouèrent facilement.

La première victime avait été Antoine Ville. Les époux Ville vivaient rue Beauregard. Marchand de toiles, Antoine Ville avait estimé, fortune faite, qu'il pouvait se retirer des affaires et vivre très confortablement de ses rentes. À son épouse, Marie Autran, il avait offert une boutique de faïences et de porcelaines. Mais Marie s'ennuyait. Elle prit des amants. Elle rencontra Barthélemy Marino, en tomba amoureuse et, délaissant sa boutique, l'obligea à rester avec elle des journées entières dans la chambre d'hôtel qu'elle louait en ville ou dans le cabanon, près de la mer. Elle le payait pour ce temps non travaillé. Anxieuse de connaître la sincérité des sentiments de son amant, elle avait consulté Fanny Lambert qui faisait alors office de cartomancienne dans le quartier du Panier. La voyante lui affirma que Barthélemy avait plus d'amour pour elle que son mari. Laquelle prit l'initiative ? Lors de l'enquête, elles s'accusèrent mutuellement.

Le fait est que ce fut Fanny Lambert – cette femme qui depuis l'adolescence avait vécu d'escroqueries et de prostitution, mal mariée, et qui de nouveau seule tentait de survivre avec ce qu'elle savait faire de mieux – qui, au début de l'année 1868, commença à fournir Marie Ville en toxiques. Antoine Ville, qui avait jusque-là joui d'une santé remarquable, déclina peu à peu, avec des douleurs dans le ventre et des vomissements réguliers. Les médecins ne savaient que faire. L'alternance d'arsenic et de belladone, créant des réactions contradictoires, les avait désorientés. Aussi, un jour, voulurent-ils analyser le vomi du patient. Le hasard fit que l'analyse fut polluée au laboratoire et qu'elle dut être reprogrammée. Marie Ville prit peur, doubla les doses de poison et acheva son époux avant même que les médecins n'aient le temps de récupérer de quoi refaire l'examen.

La mort de Jean Salvago fut beaucoup plus rapide. Alors que Marie Ville empoisonnait avec douceur son mari, mélangeant l'arsenic à du chocolat ou à des tisanes, Roseline Salvago n'avait pas de temps à perdre. Cette fonctionnaire de la poste impériale gagnait honorablement sa vie. Mais elle avait épousé un paresseux, un ivrogne qui pouvait se montrer très violent : Roseline était une femme battue. Alors elle aussi voulut des amants, et elle en eut. Mais l'époux était malade, et elle se devait de le soigner. Rapidement, sa fille le fut aussi. Le travail, les deux malades, Roseline n'en pouvait plus. Elle rencontra Fanny Lambert, qui lui parla de plantes et de poudres. Roseline n'avait pas d'argent. Elles s'arrangèrent. Lamberte préleva une partie des poisons qu'elle vendait à Marie Ville, et les revendit à bas prix à Roseline. Jean Salvago trépassa le 3 février 1868.

Si Roseline Salvago pouvait alléguer, pour circonstances atténuantes, avoir eu un mauvais mari, Joséphine Duguet ne pouvait en dire autant. Cette enfant de prostituée, abandonnée dès la naissance, adoptée par un couple d'employés, se maria à seize ans avec un ouvrier, Joseph Gabriel. L'homme était jeune, amoureux, et avait déjà quelques biens, suffisamment en tout cas pour offrir à son épouse, qui ne l'aimait guère, un débit de boisson qu'elle géra seule. Là, outre qu'elle y retrouva sa mère, elle fit connaissance d'autres hommes et notamment d'un contremaître dont elle tomba follement amoureuse. La distance que ce dernier gardait avec elle ne fit qu'activer la jalousie de Joséphine, qui voulut connaître les sentiments de son amant. Elle consulta Fanny Lambert, qui lui tint le même langage qu'à Marie Ville. La jeune femme eut peur, se confia à sa mère, qui la poussa à agir, soutenue par l'une de ses collègues. Avec les herbes de Joye, Joseph Gabriel passa de vie à trépas en huit jours. Le tout pour 400 francs.

Le procès fut rapide, dura trois jours, du 5 au 7 décembre 1868. Si trente-deux témoins furent appelés à comparaître, peu se présentèrent. Tous les accusés confirmèrent leurs déclarations premières. La difficulté était de discerner qui avait préparé le crime et qui l'avait exécuté, et ce pour chaque cas. Les jurés ne tranchèrent pas. Ils condamnèrent en bloc et à la même peine, soit la perpétuité, Fanny Lambert, François Joye, Marie Ville et Joséphine Gabriel. Ils eurent plus de compassion pour Roseline Salvago, à cause de son mari. Elle n'eut qu'une peine de vingt ans. Quant à la mère de Joséphine et à sa collègue, présentes aussi sur le banc des accusés pour incitation au crime, elles furent acquittées.

REUR

D-EST ★★

Mercredi 18 Septembre 1929. — 8 PAGES

DERNIÈRES DÉPÊCHES

DE LA NUIT

ABONNEMENTS	3 m.	6 m.	1 a.
Nice, A.-M., B.-A., Var.	21	40	78
France et Colonies......	22	43	85
Etranger, Union Post...	35	70	140
Etranger	50	100	200

Changement d'adresse, 1 fr.

PUBLICITE (la ligne)	
Annonces..	6 50
Réclames...	13 »
Faits divers	18 »
Chronique..	20 »
Echos......	35 »

...soir" *PARAISSANT A 5 HEURES*

LE SEUL JOURNAL RELIÉ DIRECTEMENT AVEC L'AGENCE HAVAS A PARIS

L'EPILOGUE JUDICIAIRE DE LA TUERIE DE VALENSOLE

Ughetto est condamné à mort

et son complice Mucha à 20 ans de détention dans une colonie pénitentiaire

MUCHA (à gauche) et UGHETTO écoutent impassibles la lecture du verdict.

(DE NOTRE ENVOYÉ SPÉCIAL)

Digne, 17 septembre.

Le temps est rasséréné, ce matin. Dans une atmosphère délavée, le soleil triomphe dans la gaîté d'un renouveau presque printanier. Dès 7 heures, *L'Eclaireur de Nice*, crié à pleine voix par ses vendeurs, obtient un succès jusqu'à présent inconnu. Les paquets de journaux s'enlèvent avec rapidité. L'effort accompli en cette occasion par l'administration de notre journal est ici grandement apprécié. Deux heures après, *L'Eclaireur* était dans toutes les mains.

AUDIENCE DU MATIN

Le président Guérin rouvre l'audience un peu après 9 heures. Ughetto et Mucha apparaissent pour gravir l'escalier qui les conduit à leur stalle. Mais ils se courbent aussitôt jusqu'à terre. Leurs

prend qu'il ne parle pas ce matin pour la presse mondiale, mais qu'il s'adresse uniquement aux jurés bas-alpins.

Pour épouvantable et sanguinaire que l'idée puisse paraître du regret exprimé par M. Bernard de ne pouvoir livrer pieds et poings liés Ughetto et Mucha aux femmes de Valensole, elle est compréhensible quand elle est exprimée par un Bas-Alpin devant des Bas-Alpins. Le président Guérin en eut un haut-le-corps. Nos confrères pari-

n'ont pas été entendues. Lorsque ce monstre broyait à coups de barreau de chaise la tête de Mme Richaud, le tout petit dernier suppliait : *Jules ! Jules ! ne tue pas maman.*

« Ughetto n'a rien entendu. De quel droit maintenant écouteriez-vous la voix qui s'élève en sa faveur ? »

Le réquisitoire est terminé. Le président Guérin suspend l'audience.

Elle est reprise à 11 heures pour la plaidoirie que prononce le défenseur de Mucha, Me Aubin, du barreau de Digne.

Plaidoirie de Me Aubin en faveur de Mucha

Me Aubin, tout jeune avocat du barreau local, plaide pour la première fois devant les assises et s'en montre tout ému. Il n'en prononce pas moins un

Bienvenue dans le mas de l'horreur !

Alexandre Ughetto et Stephan Mucha

« — Nous avions, dit-il, l'intention de voler et non de tuer.
Le président Guérin ne laisse pas de s'étonner :
— Alors pourquoi l'acquisition de cette arme ? interrompt-il.
Ughetto répond calmement :
— Mais pour nous défendre, simplement ! »

Extrait du *Petit Parisien* du 17 septembre 1929
– retranscription du procès du 16 septembre 1929

La commune de Valensole, ce village au plateau lavandier magnifique empli du grand air des Alpes-de-Haute-Provence, a vu sa réputation entachée par deux crapules avides d'argent qui passeront à la postérité sous l'appellation de « monstres de Valensole ». Leurs noms : Alexandre Ughetto et Stephan Mucha.

Il s'agissait de deux gamins, dont le plus vieux, Alexandre Ughetto, n'avait que dix-huit ans ; l'autre, Stephan Mucha, n'en avait guère plus de quinze au moment des faits. Mais quel crime avaient-ils donc commis ? Ils avaient tué de sang-froid cinq personnes, dont deux enfants. Pourquoi ? Pour de l'argent.

Ils n'étaient pas amis. Ils s'étaient rencontrés deux jours avant le quintuple meurtre, le 30 novembre 1928, dans un café près de la mine de la Grand'Combe où Alexandre Ughetto travaillait depuis un an. Leur complicité fut immédiate et, très vite, ils envisagèrent de faire « un coup » ensemble. Ce fut le plus âgé qui pensa à la ferme des Courelys où vivaient Adrien et Antonia Richaud, avec leurs enfants, Clément, dix ans, et Roger, trois ans. Ils n'avaient qu'un employé, un vieux serviteur nommé Auguste Amaudric. L'affaire serait aisée. Alexandre les connaissait, il avait travaillé plusieurs mois chez eux, en 1927. Outre qu'ils avaient de l'argent, les Richaud venaient de recevoir une belle somme des fermages. Il y aurait au moins 50 000 francs sous les matelas et les piles de linge, peut-être plus. Le lendemain, avec l'argent que lui prêta Mucha, Ughetto acheta un revolver et six balles. Puis ils se dirigèrent vers Valensole. Attendant la nuit, dans un cabanon non loin de la ferme, ils se distribuèrent les rôles. Ughetto tueraient les adultes, Mucha les enfants.

Lorsque le soir arriva, Alexandre Ughetto alla droit à la ferme et frappa à la porte. Adrien Richaud vint lui ouvrir et lui fit bon accueil. Le jeune homme lui demanda l'hospitalité pour la nuit, et son ancien patron accepta. Il le conduisit à la grange, là où les foins étaient entreposés, un lieu proposé à tous les voyageurs demandant asile. Richaud n'avait pas mis un pied à l'échelle qu'Ughetto lui tirait une balle dans le dos. Richaud vacilla. Ughetto appuya une seconde fois sur la gâchette, la balle se logea près de l'oreille et l'acheva. Mucha sortit alors de sa cachette et, ensemble, ils entrèrent dans la maison. Antonia Richaud était avec le plus petit de ses fils. Ughetto la blessa par deux fois avec son arme. Le vieil Auguste, qui avait assisté à la scène, voulut s'enfuir. Ughetto tira une fois dans sa direction mais ne parvint qu'à le toucher à l'aisselle. Il cria alors à Mucha de le rattraper pendant qu'il vidait son chargeur dans la tempe d'Antonia. Mucha tua le serviteur avec le montant d'une chaise. Quant aux enfants, ils furent assommés à coups de bâton et eurent le crâne brisé par des briques servant à chauffer les lits. Lors des interrogatoires, Ughetto et Mucha s'accusèrent mutuellement de ce forfait.

Après les meurtres, ils fouillèrent toute la maison à la recherche de l'argent fantasmé. Ils ne trouvèrent que 5 000 francs.

Le massacre fut découvert quatre jours plus tard, le 6 décembre, par un enfant de dix ans, Armand Mégy, neveu des Richaud. Il était venu jouer avec son cousin Clément. La ferme était silencieuse. Il n'entendit que les gémissements du chien près de la grange. Il s'en approcha et vit l'animal couché près d'une bâche qui recouvrait une forme. Il eut peur, courut prévenir ses parents. Sur la route, il croisa un paysan, M. Guichard. Ensemble, ils retournèrent à la ferme des Courelys. L'homme souleva la bâche, vit le corps de Richaud et renvoya aussitôt l'enfant chez lui avec pour mission d'appeler la gendarmerie.

L'enquête avança rapidement. Des voisins avaient remarqué les deux adolescents, et reconnu le plus grand, le brun, Alexandre. Ils parlèrent aussi de son acolyte, un petit, blond, très jeune. Le 9 décembre, Mucha et Ughetto étaient arrêtés. Le 10, ils étaient transférés à la prison de Digne. Ils avouèrent leur crime. La procédure fut toutefois ralentie par la multitude d'identités du plus jeune. D'origine polonaise, il changeait de nom en fonction de ses activités. Sans doute que son vrai patronyme était Witkowski.

Les deux adolescents furent examinés par le Dr Rousselier, expert aliéniste, qui affirma qu'ils étaient parfaitement responsables de leurs actes. Le procès débuta le 16 septembre 1929, et fut expédié en deux jours. Les témoins furent rares. Il y eut le cousin de Richaud, Mégy, et puis aussi le maire de la commune, qui exprimèrent l'émotion de leurs concitoyens, le commissaire Guibal, qui raconta le crime, mais, surtout, il y eut le père d'Alexandre Ughetto, qui déposa contre son fils. Ce dernier avait perdu sa mère à sa naissance.

Il avait été élevé seul par son père qui, en pleurs, décrivit le calvaire de vivre avec un enfant si difficile, et plus encore depuis qu'il s'était remarié et avait eu deux autres enfants avec sa nouvelle épouse. Selon ses dires, Alexandre était rebelle à toute admonestation, quelle que soit la méthode employée – ce père se défendait d'ailleurs d'avoir tout fait pour lui. Alors le voyant là, en ce jour, dans le box des accusés, sachant le crime qu'il avait commis, il demanda aux jurés d'être sans pitié et de le condamner à mort. L'homme fut applaudi par le public massé dans la petite salle.

L'avocat d'Alexandre, Auguste Arnaud, stupéfait qu'un père puisse réclamer la mort pour son fils, fustigea ces paroles, qui l'aidèrent à trouver des circonstances atténuantes à son client – assurant au passage qu'il n'était pas l'auteur du meurtre des enfants, prévenant enfin le jury qu'il ne devait pas se laisser influencer par l'opinion publique. Me Aubin, qui défendait Stephan Mucha, tenta, pour sa part, de convaincre le même jury que l'adolescent n'avait été qu'un « instrument inconscient aux mains » du second protagoniste, « son mauvais génie ».

Le verdict fut, comme tout le monde l'attendait, sévère. Alexandre Ughetto fut condamné à mort, et Stephan Mucha, mineur au moment des faits, à vingt ans de détention dans une colonie pénitentiaire. Les jurés accompagnèrent la sentence d'un vœu : celui qu'à l'avenir la vente d'armes soit interdite aux mineurs. Ils souhaitèrent également, en raison de l'augmentation de la criminalité juvénile, que les sanctions prévues par la loi contre les mineurs criminels soient plus sévères. Ils furent écoutés.

Crédits photographiques

p.20 : © BnF ;

p.28 : Collection particulière ;

p.36, 42 et 50 : © BnF ;

p.62 : Collection particulière ;

p.70 : © Jin Oswell Collection / Opale.photo ;

p.78 : Domaine Public / Hathi Trust ;

p.84 : Collection particulière ;

p.92 : Domaine public ;

p.106 : © The Holbarn Archive / Bridgeman Images ;

p.112 : © Look and Learn / Bridgeman Images ;

p.120 : © Bibliothèque municipale de Lyon ;

p.126 : Collection Marc Renneville ;

p.134 et 146 : © BnF ;

p.152 : © Médiathèque l'Apostrophe - Ville de Chartres - BMC 6915 ;

p.158 : © BnF ;

p.166 : © Jin Oswell Collection / Opale.photo ;

p.174 : Collection privée Pierre Piazza ;

p.188 : © Collection Grégoire / Bridgeman Images ;

p.196 : © BnF ;

p.204 : © RMN-Grand Palais (Château de Versailles) / Gérard Blot ;

p.210 : © Bibliothèque municipale de Lyon ;

p.218 : Collection Société d'Histoire du Vésinet ;

p.232 : © Collection Grégoire / Bridgeman Images ;

p.238 : Composition de Viviane Janouin-Benanti, auteure de *La serpe du Maudit, le roman de Pierre Rivière* ;

p.246 : Collection particulière ;

p.256 : © ARCHIVIO GBB / Archivi Alinari / Bridgeman Images ;

p.264 : © BnF ;

p.278 : © Mary Evans / Bridgeman Images ;

p.286 : © Mary Evans / Bridgeman Images ;

p.294 : © Index Fototeca / Bridgeman Images ;

p.302 : © René Dazy. All rights reserved 2023 / Bridgeman Images ;

p.310 : © BnF ;

p.324 : © Stefano Bianchetti / Bridgeman Images ;

p.332, 340 et 348 : © BnF ;

p.356 : © Archives départementales des Alpes-de-Haute-Provence, 4 M 49, *L'Éclaireur de Nice et du Sud-Est*, mercredi 18 septembre 1929

Pour limiter l'empreinte environnementale de ses livres, HarperCollins France s'engage à n'utiliser que du papier fabriqué à partir de bois provenant de forêts gérées durablement et de manière responsable.

MIXTE
Papier issu de sources responsables
FSC® C159065
FSC
www.fsc.org

Imprimé en Espagne en août 2023
par CPI Black Print (Barcelone)
en utilisant 100% d'électricité renouvelable.
Dépôt légal : septembre 2023.